ちくま新書

リスクを考える―

著

吉川肇子
Kikkawa Toshiko

1661

リスクを考える――「専門家まかせ」からの脱却【目次】

第3章 リスクを認知する 083

第4章 リスクを伝えるII 技術編 109

第7章 リスクを共有する 203

まえがき

本書は、私たちの社会のリスクについて、特にコミュニケーションの視点から、心理学の研究成果をもとに解説するものである。誰しも「リスク」という言葉を耳にしたことがあるだろう。実際、私たちの身の回りはさまざまなリスクにあふれている、と言われる。だがそもそもリスクとはどういったものだろうか。私たちは、リスクに対してどのように向き合うべきなのだろうか。特に、日々新たなリスクが登場し、それをめぐってさまざまな情報が交錯するような今日にあって、そうした情報を的確に伝え、理解し、社会全体でリスクを減らしていくためにはどうすればよいのか。本書は、「リスク・コミュニケーション」の視点から、こうした課題について考えていく。

そこでまずは、本書の流れを簡単に紹介していこう。

第1章では、リスクとは何か、私たちがなぜそれに注目するようになったのかを簡単に解説する。

第2章では、リスクに関するコミュニケーションの問題について述べる。また、リスク・コミュニケーションの歴史や定義、類似の用語についても説明していくが、リスク・コミュニケーションといえどもコミュニケーションの一つなのだから、それを理解するために必要だと思われるコミュニケーションの基本的な知識についても紹介した。

第3章では、私たち自身がリスクをどうとらえているのか、そのことが私たちの行動にどのように表れてくるのかといった問題について、わかっていること、注意すべきことなどを論じていく。

筆者は、心理学やその関連分野で研究されてきたコミュニケーションについての研究成果を、リスク・コミュニケーションに活用することを専門の一つにしている。心理学には、たくさんの使える技術があるのだから、それを上手に使ってリスク・コミュニケーションを行ってもらいたいと考えている。また、そうした技術をめぐる知識を持つことは、私たちがリスクについての情報を受け取るときにも、あるいは、リスクについて議論するときにも、必ず役に立つはずだ。これらについて解説したのが第4章である。

第5章では、リスクをどのように管理するのか、企業や行政の例を引きながら、事例を中心に検討している。結局は、情報管理や透明性がリスク管理に対する信頼の鍵になるわけだが、そのためにはどうするのがよいのか、関連する印象管理の技術などについても取り上げた。

第6章では、より安全な社会にするために、私たちみんなで議論することがどれほど重要か、心理学の研究成果をもとに論じていく。リスク・コミュニケーションというと、私たちは消極的に情報を受け取るだけの立場と思われがちだが、それはまったくの誤解である。私たちが議論してこそ、リスク・コミュニケーションと言えるのである。

私たちは、リスク・コミュニケーションという道具を持つことによって、より安全な社会をめざしていくことができるようになった。だが、現状ではそれが十分に活かされていないように筆者は感じている。第7章では、リスクをめぐる新しい動向を紹介しつつ、リスク・コミュニケーションが社会を変えていく道具になりうることを示していく。

個人的な話をすれば、筆者がリスク・コミュニケーションを研究テーマとして考えるようになったのは一九八五年のことである。当時筆者は、謝罪や言い訳の研究（「印象管理」といわれる分野。第5章参照）を行っていた。

その年の七月頃から、「国産ワイン」に「ジエチレングリコール」という有毒物質が混入していることが指摘されるようになった。それは、「オーストリア」産のワイン原液（国産ワインに混入して使われていた。ただし、当時と現在とで「国産」の定義が異なることに注意）に、ジエチレングリコールが混入していたためである。しかし、当初国産ワインの製造各社は、自社がオーストリア産ワインを使用していることを認めず、製品にはジエチレングリコールが含まれていないと発表した。しかし、実際には多くの社が使っていたのである。

また、ある会社では、当時の厚生省の検査の前にワインタンクの中身を入れ替えて検査をすり抜けていたことが後に発覚した。そのため、一九八五年の七月から九月にかけては、各社の謝罪広告が次々新聞に掲載されることになる。これらの謝罪広告を分析して九月に研究会で発表したところ、当時京都大学におられた木下冨雄先生から、「そんなにネガティブな情報に興味があるならば、リスク・コミュニケーションという新しい分野があるからやってみたらどうか」と誘われて、研究を始めるようになった（なお、筆者の修士論文は「悪印象の残りやすさ」であった）。

なお、当時多くの日本人は「オーストリア」と「オーストラリア」の区別がつかなかったため、「オーストラリア産ワイン」の売れ行きも不振となった。今ならば「風評被害」というところかもしれない（第4章参照）。

もちろんこの事件から数十年が経って、日本の社会は格段に安全になっているし、本書でもいくつか紹介していくとおり、それを支える制度や仕組みもできている。他方、今でもこの事件を振り返ってみて、同種のことが繰り返されているという、ある種の既視感も抱く。同じように企業の不祥事はあるし、事件や事故もなくなるわけではない。人間の行動は変わらないと思うこともある。

本書のなかでは、新しい事件ばかりではなく、古い事件を積極的に紹介しているが、読者のなかには、筆者と同じような感想を持たれる方もいるのではないかと思う。何がそうさせるのかを探求することによって、将来はそうした既視感を持つことなく、私たちはより良い社会を実現してきたと思えるようにしたい。そのために、リスク・コミュニケーションが果たす役割は大きいと筆者は確信している。

吉川肇子

二〇二二年四月

第1章 リスクを知る

1　リスクとは何か

†身の回りにあふれるリスク

私たちの身の回りにはリスクがあふれている。病気のリスク、交通事故のリスク、食品のリスク、日常の生活用品によるリスク、環境のリスク、金融のリスク……。少し考えてみるだけでも「リスク」と名のつくものはたくさんあることに気づく。

たとえば日本は「災害大国」と言われるが、自然災害に関するだけでも、台風、地震、土砂災害、火山の噴火、洪水、竜巻、雪害などさまざまなものがある。これらの災害に対して、私たちはいろいろな対策をしている。たとえば、地震に備えて防災用品を購入したり、住宅を耐震補強したりすることもあるだろう。台風の進路予測図を見て、自分の住む地域に来そうかどうか考えたり、強風が予測されれば、窓を補強したり、ベランダのものを片づけたりするだろう。さらに、避難指示が出れば避難を計画したりするだろう。また、自分の家の周りのハザードマップを見て、どのくらい浸水しそうか、避難したほうがいいかどうか考えることもあるかもしれない。

こうした際に手がかりとなるのは、災害に関しての知識であったり、公的機関やマスメディア、SNS、友人知人からの情報であったりする。本書では、これらのリスクに関するコミュニケーションや私たちの行動について考えていくことになる。

残念ながら、情報を得て十分に準備をしたとしても、そしてその被害の程度を軽減することはできたとしても、被害そのものは避けられないこともある。また、思いがけず事故に遭うこともある。健康に気をつけているつもりでも、病気になることは完全には避けられない。

そうした損害に備えるために、多くの人は保険に入る。実際、私たちの社会にはいろいろな種類の保険がある。生命保険、損害保険、医療保険、火災保険、自動車保険などは身近なものだが、調べてみれば、そんなことに対してまで保険があるのかと驚くような種類の保険もある。こうした保険がなぜ求められるのかと言えば、「万が一のことが起こったときに備える」ためである。その「万が一のこと」というのは望ましくない出来事であり、比喩的ではあるが「万が一」とは、その望ましくないことが起こる可能性の程度（確率）を示している。つまり、「万が一のことが起こること」とはリスクそのものをさしており、保険はリスクによって起こる損失に備えるためにあると言える。

ただし本書では、最初に例示した「金融のリスク」などの、いわゆる「経済のリスク」については扱わない。投資行動で「リスクとリターン」とか言うときの「リスク」は、本書で扱うようなものとは別物である。また、これから議論をしていくリスクに関するコミュニケーション（リスク・コミュニケーション）は、その歴史から、科学的なリスク評価と密接に関係しているためである。

†危険、ハザード、クライシス

本書では、リスクを「望ましくないことが起こる可能性」として取り扱う。そして、望ましくないことを「ハザード」（hazard）という。日常的に使われる言葉としては「危険」（danger）もある。たとえば、海岸に「ここで泳ぐのは危険！」という看板が掲げられているとしよう。それをリスクという用語で言い換えるならば、「ここで泳ぐことには（溺れる、あるいは水死するという）リスクがあります」ということになるだろう。

日常生活でリスクと危険という言葉はそれほど意識的に区別されているわけではないが、本来、「危険」という言葉は、ハザードがあることを示してはいても「それが起こる確率」については含意していない。実際、泳ぐと溺れる可能性があるが、泳ぐ人すべてが溺れるわけではない。しかし、「危険！」の看板が掲げられているということは、溺れる可能性が非常に高い場所であることを示している。ただリスクという言葉は危険ほどには使われていないので、「ここで泳ぐのはリスク！」と書いてある看板があるとしたら、普通の人には奇異に見えるだろう。

また、リスクが顕在化したものを「クライシス」（危機）と言い、通常この二つは区別して使われる。たとえば大災害が起こるとか、感染症が拡大するとか、社会の誰もがそれを認識できるほどに悪い状況になったときに、これを「危機」という。

2　リスクの考え方

†期待値としてのリスク

科学的なリスク評価に用いられるリスクは通常、ハザードとそれが起こる確率との積で表される。つまり、「重大な出来事がどの程度の確率で起こるか」を計算したものがリスクである。数学でいうところの「期待値」であり、冒頭に例示した保険も、この被害の期待値をもとに、保険料率（掛け金）が決められている。

たとえば、望ましくない出来事を人の死亡（死亡者数）とすると、それが年間どのくらい起こるかという確率がわかれば、リスクが計算できる。ハザードとしては、人の死亡だけではなく、回復不能な重篤な障害が残ることや、環境への影響も考えることができる。したがって、このハザードとして何を選択するかが、リスク評価で議論になることがある（後述）。この望ましくない出来事として選ばれた基準となるハザードのことを、「エンドポイント」という。

このように計算されるリスクの考え方は、すでに私たちの生活に根づいている。最初に例をあげた保険を、ここで再び考えてみることにしよう。自動車保険の掛け金は若者でより高いが、それは若者が事故を起こしやすい（確率が高い）からである。逆に、生命保険は、高齢者ほど健康を損なう確率が高いので、年齢が高くなってから加入すると掛け金が高くなる。地震保険は、地震の起こる確率が高いとされる地域で掛け金が高い。ただし、地震は起こった場合の被害が甚大なので、民間の保険会社だけでは引き受けられず、政府が（被害に応じて）負担の割合を増やす仕組みを持つ特殊な保険となっている。

†尺度としてのリスク

このように、何をエンドポイントとするかを各分野で統一して決めることができれば、異なる分野間でリスクを比較することもできる。原子力発電のリスクも、交通事故のリスクも、喫煙のリスクも、仮に死亡者数をエンドポイントにすることに決めれば、分野を越えて比較可能になる。こうすることの利点は、リスクの高いところに対策やそのための予算を重点的に配分できることである。政策にかけられる予算が限られているとき、リスクの高いところから対策するというのは合理的に見える。

ただし、この考え方には少なくとも三つの問題点がある。第一に、リスクはハザードにその確率をかけることで計算されるのだから、どんなにハザードが大きくても、確率が低ければリスクとしては低くなってしまう。たとえば、破局的な火山噴火を考えてみよう。それが起こる頻度（確率）はそれほど高くないだろう。しかし、まれだからといって対策を後回しにしていては、いざ起こったときに被害が大きくなってしまう。したがって、ハザードが大きいものについては、たとえ確率が低くとも別のものとして取り扱うべきという考え方もある。

第二に、ハザードと確率のどちらか一方、あるいは両方が不明なとき、リスクを計算することができず、リスク評価ができなくなってしまうことがある。つまり、計算できないものは定義上、リスクではないことになってしまうのだ。この問題は第7章でくわしく述べることになるが、計算できないものに対して、リスクではないとして対処しなかったために、これまで多くの対策の遅れを招いてきた。

たとえば、水俣病患者が公式に確認されたのは一九五六年のことだが、当時の厚生省が、その原因がメチル水銀だと公式に認定したのは一九六八年である。さらに、未認定患者に対しての損害賠償に国が和解に応じたのは二〇一〇年のことである。患者の発生以前から動物の異変は知られていたが、原因物質を特定する議論に時間をかけた結果としてリスク評価が遅れ、患者の救済がより遅れることになったのである。また、公害病ではよくあることだが、その症状がその病気に該当するかという議論も、問題をさらに長期化させる。未認定患者が出てくる一つの要因でもある。

第三は、先に指摘したように、何をエンドポイントとするかに、恣意性が入る可能性があるという点である。これまでは、エンドポイントを「人の死亡」と仮定して説明してきたが、「生活に支障が出るほどの後遺症が残る」ことをエンドポイントとするならば、リスク評価は当然変化する。つまり、亡くならないけれども後遺症が残る人が多いようなリスクがあるとして、「人の死亡」をエンドポイントにすることによって、恣意的にそれをリスクにしない（あるいは小さくみせる）ことも可能なのである。

また、人へのハザードではなく、環境への影響をエンドポイントにすることも可能だが、そうしないことで環境へのリスクを考慮に入れないこともできる。たとえば、「地球温暖化」は、ある特定の生物の減少（や絶滅）を招くかもしれないが、環境への影響をエンドポイントとしない限り、それはリスクとはならない（もちろん現実には、すべての分野で同じエンドポイントが使われているわけではなく、分野ごとに科学的な検討に基づいてリスク評価が行われ、エンドポイントが設定されている）。

†リスク分析の三要素

本書で中心的に取りあげるリスク・コミュニケーションは、リスク評価、リスク・マネジメント（リスク管理）、リスク・コミュニケーションという、リスク分析の三要素のうちの一つである。リスク分析は、科学技術的な視点からリスクを考えるものであり、当初リスク・コミュニケーションは、リスク評価を市民に納得させることで、リスク管理をよりスムーズに行うためのものであると考えられていた（第2章、表2－1参照）。すなわち、「リスク評価→リスク・コミュニケーション→リスク管理」という流れである。

しかし、この考え方は早い段階に否定され、現在では、最初のリスク評価の段階からリスク管理にいたるすべてのプロセスで、リスク・コミュニケーションがかかわっているとされている。本書では、リスク分析から生まれたリスクの考え方について紹介していくことになるが、リスク分析とは異なるリスクに対する考え方も存在する。それについては第7章で紹介する。

†リスク分析における恣意性

科学的な評価に基づいてリスク管理を行っていくリスク分析の考え方は、一見合理的に見えるが、そこにはいくつもの恣意性が入り込む余地がある。

たとえば、リスク評価の手法の選び方によって、リスク評価に恣意性が入る可能性がある。先に挙げたエンドポイントの選定もその一例である。また、第3章で紹介することになるが、専門家が評価する場合に、同じ分野の専門家であっても所属する団体によって考え方が異なることがある。どれも考えてみれば当たり前のことだが、リスク評価の手法の決め方、その結果の評価の仕方にも恣意性や陥穽《かんせい》があるし、それは専門家の合議によって決める場合でも変わらない（第6章参照）。

さらに、リスク評価が定まったとして、それを実際にリスク・マネジメントに利用する場合にも、恣意性が入り込む余地がある。たとえば、工場で事故を防ぐための安全対策に多額の費用がかかることがわかったときに、経営上の理由で、対策が実施されなかったり、延期されたりする。産業界でなくても、リスク評価の結果、対策に多額な費用がかかるとわかった場合に、行政がリスク対策をしないこともあるだろう。

ただし、このような問題があるからといって、筆者はリスク分析という枠組みを否定しているわけではない。科学的評価に基づかないリスク対策が行われてきた時代に比べれば、合理的なリスク対策の一つだと考えられるし、実際この考え方が浸透したことで、社会のリスクが低減してきた面は確かにあるからである。

しかし、これまで挙げた恣意性のように、実際にリスク分析を社会で活用するのは人間なのだから、そこに人間的なバイアスや、政治的な意図が影響する可能性は十分にある。「科学的」なるものが強調されるとき、私たちは注意を払わなければならない。

そのため、本来合理的な仕組みであったはずのリスク分析について、本書では主に心理学的な立場から問題点を指摘していくことになる。特にリスク分析の一つである、リスク・コミュニケーションに注目して、さまざまな視点から検討していく。

3 専門家まかせが失敗を招く

†間違える専門家

リスクについての情報は専門家が多く持っているのだから、専門家に意思決定をしてもらえばよいのではないか、と考える人もいるだろう。しかし、その専門家に頼った結果として、リスク対策が手遅れになった事例は少なくない。ここでは、パウエルらの研究（Powell et al. 1997）をもとに、有名な事例の一つである英国のBSE（いわゆる狂牛病）問題を取り上げてみよう。

問題の発端は、一九八六年の感染牛の発見である。しかし、しばらくはあまりメディアの関心をひかず、一九九〇年から報道が急増するようになった。この年に猫への感染が発覚したためである。これまでは牛の病気として捉えられていたこの感染症が、「種の壁を越える」かどうかが議論になった。つまり、種の壁を越えるのであれば、人間に感染する可能性が懸念されるからである。

これに対して、当時の英国の専門家たちは、「人への感染のリスクはきわめて少ないか、ゼロ」という見解を示していた。そのため、政治家もこの見解を受けて「リスク・ゼロ」を主張することになる。同年、農漁食糧省（日本ならば農林水産省に相当するだろうか）のガマー大臣は、自分の四歳の娘のコーディリアとともに、イギリス産牛肉入りのハンバーガーを食べるというパフォーマンスを行って、安全性を保証した（図1-1）。日本でも政治家が、食品の安全性を強調したいときによく行うやり方であるが、このパフォーマンスは結果的に反発を招き、『エコノミスト』誌は、「もはや誰も農漁食糧省を信じていないことが科学的に疑いなく証明された」と揶揄している。また、大臣に対しては「ビーフ・

イーター（Beef eater）」というあだ名がつけられた。

　この後、一九九五年には一〇代の若者二人が変異型ヤコブ病を発病したり（通常は、高齢になってから発病する病気である）、学校のカフェテリアで牛肉の提供を停止したりするところも出てくるようになった。このような社会の反応に対して、イギリスの食肉家畜委員会のスポークスパーソンが「科学的根拠がない」と反論を行ったり、一二月には大臣と政府の専門家がジャーナリストとともに、ＢＳＥ問題に対する人々の懸念は科学的根拠がないという会合を行ったりしている。しかし、この二時間の会合の最中に二〇〇以上の学校が牛肉提供の中止を決定し、逆効果になった。

図1－1　親子で牛肉の安全性をアピールするジョン・ガマー（アフロ）

　結局この会合の三か月後、すなわち一九九六年三月二〇日に、当時のドレル保健長官がＢＳＥ感染牛の肉の部位を食べることと変異型ヤコブ病発症との関連を排除できないことを議会で公式に認め、一夜にしてヨーロッパの牛肉市場が崩壊した。

　この一〇年にわたるリスク・コミュニケーションの

失敗を振り返ってパウエルは、人々に「リスク・ゼロ」と言い続けたことの失敗だと述べている。一〇年の間に科学的な知見も更新されていたはずなのに、結局専門家も政治家もその知見を更新することなく、「リスク・ゼロ」という当初の判断に一〇年間も固執し、市民の懸念を否定するコミュニケーションのみを行ってきたのである。

†繰り返される政策の失敗

専門家が間違えれば、それに基づく政策も失敗する可能性が高い。前述のBSEの例が典型である。また、科学者の意見が分かれるときには、コスト削減につながるような評価をする科学者の意見を、政府は採用しがちである。あるいは、対策に制度の変更が必要とされる場合には同様に、変更をしなくてもよいような評価が採用されることもあるだろう。しかし、その意見が科学的に正しいという保証はなく、むしろ失敗につながってきた。

日本における公害、薬害の歴史は、そうした政策の失敗の繰り返しであった。足尾鉱毒事件にはじまり、四大公害（水俣病、新潟水俣病、イタイイタイ病、四日市ぜんそく）や、森永ヒ素ミルク中毒事件、薬害エイズ事件など、いずれも兆候となる出来事があったり、患者が発生したりしていたにもかかわらず、ただちに対応しなかったために事態は深刻化していった。

こういうときには、しばしば真の原因ではなく別の原因が病気の理由だと主張する専門家が登場し、そちらの意見が採用されることがある。こうなると適切な治療や有効な対策が行われないばかりか、真の原因を特定するために議論が長期にわたり、結果として被害者の数がさらに増えていく。

最終的に真の原因が確定しても、患者に対して補償がなされなかったり、そもそも患者として認定されなかったりする。そのため、さらに裁判をする必要があり、何かしらの終結に至るまでに数十年かかることもまれではない。問題の長期化は、被害者にとっては過酷である。加えて公害の場合、第4章第2節で述べるようにスティグマ化（負の烙印《らくいん》）にもつながりやすい。つまり、地名に汚名がついたまま、人々の記憶に残るのである。

このほかにも、環境リスクに対する政策の失敗もある。ダム建設や諫早《いさはや》湾干拓事業がその典型だが、なぜかいったん決まった計画というのは、たとえ環境リスクが明らかになったとしても、変更されたり中止されたりすることがない。もちろん、着工前には環境への影響に対する科学的評価が行われるわけだが、評価には幅があるから、そこにはやはり恣意性が入る余地もある。

なぜ以前の決定にそこまで執着するのか、筆者には正直理解しがたいが、科学技術は日々進化しており、新しいリスクも生まれているこの状況で、柔軟に対応できないような政策を繰り返しても将来も失敗を続けるだけである。そうなってしまう一つの理由として、失敗を記録し、教訓を残す習慣がないことも関係していると考えられる。また、失敗したときの第二の施策（いわゆる「プランB」）がないようにみえることも、このことと関係しているのかもしれない。そうなることを避けるためには、組織外から、つまり市民の側から、問題を指摘したり、要望を出したりすることが重要になる。それもリスク・コミュニケーションである。

†コミュニケーションに関する専門家の誤解

本書では、行政や専門家、企業のように、リスクについての情報をより多く持っている人々と、一般市民とを対比的に論じることが多くなるが、必ずしもそれは両者が対立していることを示そうとしているわけではない。そうではなく、社会全体でリスクについての情報を共有し、議論していくことの重要性を強調するためである。

ただ、現状では、科学的なリスク評価を伝えるべき専門家にコミュニケーションについての知識が不足しているために、問題を引き起こしている事例が少なくないと筆者は考えている。これから何度も例に出すことになるが、市民の前であたかも学校の先生のように振る舞ってしまう専門家が多いのだ。

たとえば、化学的に合成されたものに対して、否定的な態度を示す人は少なくない。図1－2に示すように、商品パッケージに「化学調味料・保存料無添加」と明示している商品もある。そういう商品を好む消費者が多いからであろう。

しかし、専門家からみれば、たとえ化学調味料が入っていたとしても、決められた基準値の範囲内なのだから、化学調味料を入れないことでリスクが減ることはないと言いたくなってしまうようだ。しばしば、（みなさんは知らないかもしれませんが）「水も化学物質ですよ」というような、「そもそも論」を言ったりする。あるいは、「みなさんは、自然なもののほうが安全だと思っているかもしれませんが、自然なものだからといってより安全ということはないんですよ」と言ったりする。これは第2章で紹介するように、聴衆の知識や知りたいことを正しく推測していないことから起こる場合が多いと思われるが、いずれも「あなたには知識がない」ということを暗示している発言で、適切とはいえない。

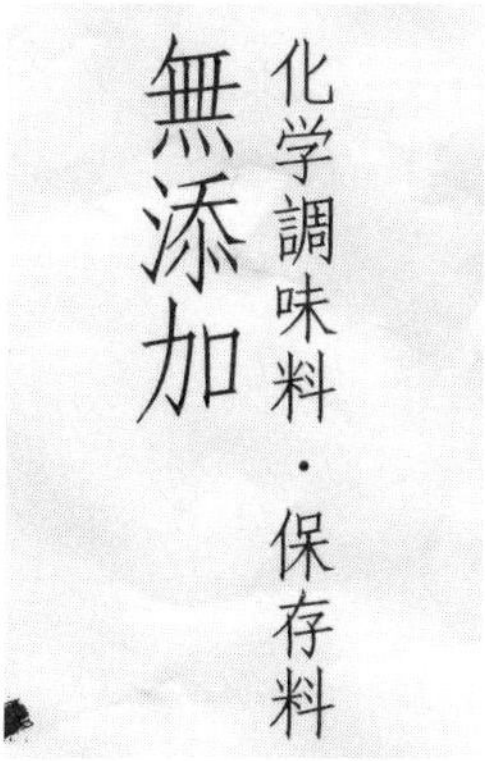

図1－2　商品パッケージの表示例

もちろん、聴衆のなかには「へえ、そうなんだ」と驚いて考えを改める人がいるかもしれない。その可能性を完全に否定するつもりはない。

しかし、このような話を冒頭に言われてしまうと、聴衆の多くは「自分の知りたいことはそういうことではない」と感じて、専門家との間に心理的な距離を置いてしまうことになるだろう。この例のような、失言とも言える発言によって、聴衆がリスクについて学ぶ機会を失うことにもつながりかねないのである。

このようなことを防ぐためにも、リスク・コミュニケーションに限らず、基本的なコミュニケーション技術についての知識が、専門家には欠かせないと筆者は考えている（第4章でより具体的に解説する）。もちろん、そうした技術について知っておくことは、非専門家である私たち一般人にとっても役立つものである。

†リスク情報を共有する意味

この章では、リスク分析に基づくリスク概念について説明してきた。しかし、わざわざリスクという言葉を使わなくても、私たちの身の回りにはすでにたくさんのリスクがあり、これからも新しいリスクが出てくることだろう。つまり、私たちすべてが当事者なのである。しかし、災害や病気のような身近なリスクについては、たとえば保険や医療を通じて主体的に考えることはあっても、新しいリスク（たとえばCOVID-19のような新興感染症もその一つであろう）や、環境のリスクのように関係者が多いとき、それらについて自分で考えることをしなかったり、専門家まかせにしたりしてしまうこともあるかもしれない。

しかし、第2節で指摘したように、一見科学的に見えるリスク評価にも、その利用の仕方にも、恣意性が入り込む可能性はあるのである。常識的なことだが、科学といえども、価値中立ではありえないということを改めて強調しておきたい。

同時に、専門家や行政の判断に頼った結果として、リスクがより拡大し、被害者を増やしてきたという事実があることも知っておかなければならないし、記憶にとどめておかなければならない。リスク・コミュニケーションという考え方は、こうした過去の教訓をもとにして生まれてきた。誰もがリスク問題についての当事者なのだから、皆が議論に参加し、問題点を指摘することによって、リスクを削減していこうという考え方である。図式的に示すと次ページの図のようになるだろうか（図1－3）。

これは、もともと自己についての知識をどのようにして得るのかについての「ジョハリの窓」（Luft, 1984）という図を、リスクについての知識に置き換えたものである。元の図は自己と他者の二者間の知識について説明したものだが、リスク情報の共有について考える手がかりとなるように、筆者が作り直したものである。

まず、専門家にも非専門家にも、知っている問題と知らない問題がある（なお、ここで

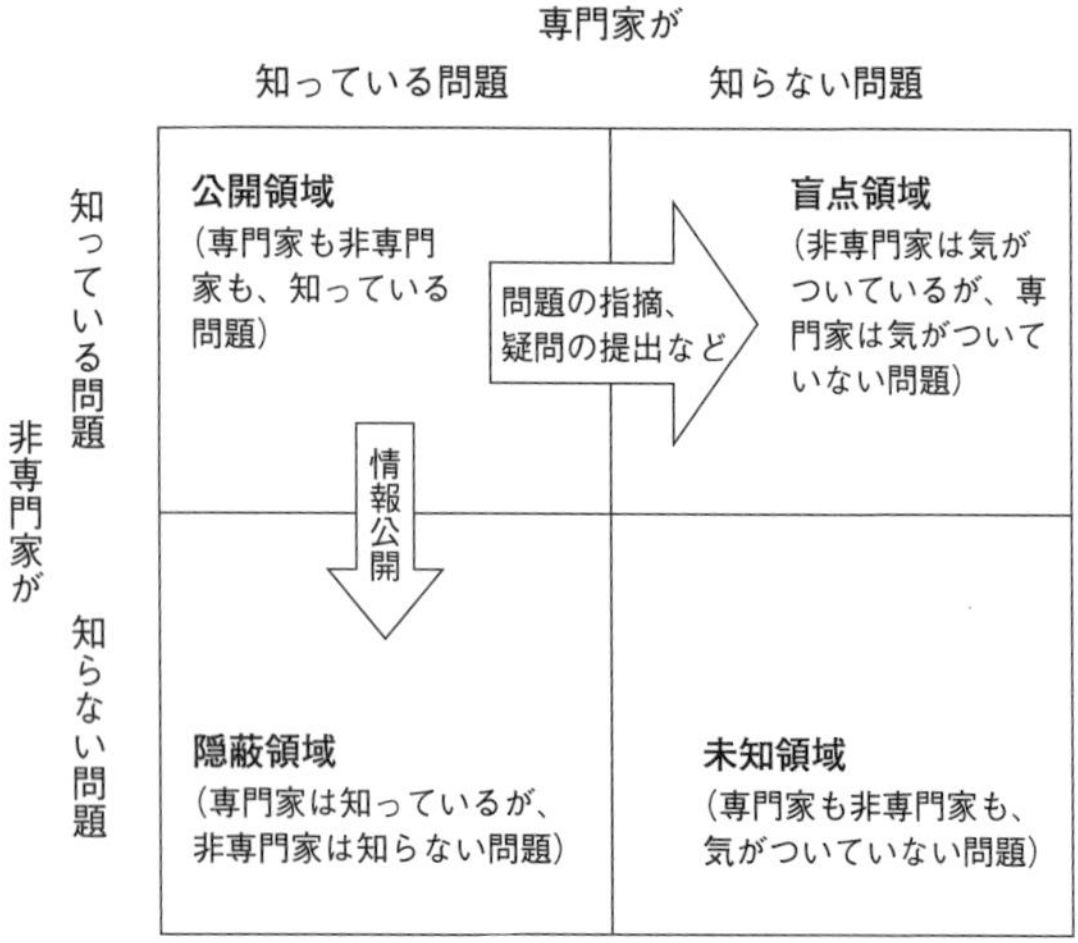

図1－3　リスク情報の共有

言う「非専門家」には一般市民だけではなく、「当該分野以外の専門家」も含まれる）。そこで、それぞれが知っているか知らないかで全体を四分割する。専門家も非専門家も知っている情報は「公開領域」にある。専門家は知っているが非専門家が知らない問題がある領域（「隠蔽領域」という）については、情報公開によって小さくしていくことができる。

ここで注目してもらいたいのは、非専門家は知っているが専門家は知らない（または気がついていない）「盲点領域」があることである。この部分を少なくするには、非専門家が問題点の指摘や疑問の提示を積極的に行うことで気づかせるしかない。だからこそ、非専門家の役割は重要なのである。

このように、専門家まかせにするのではなく、非専門家も積極的に参加して議論を行うことで、リスク情報を社会で共有し、誰もがリスクについて知識を持っている公開領域を広げることができる。知識を共有することによって、社会としてリスクを削減していくことができるのだ。そこで役割を果たすのがリスク・コミュニケーションである。

最後に、残念ながら「未知領域」をゼロにすることは難しいだろう。それでもなお、議論の過程を記録しておくこと（透明性）で、以前の議論や知識を見直すことができる。そのことが、将来において未知領域を減らすことにつながる可能性がある。

第2章 リスクを伝えるⅠ 基礎編

1　リスク・コミュニケーションの誕生

†リスク・コミュニケーションはいつ生まれたか

リスク・コミュニケーションという用語が使われるようになったのは、それほど古い話ではない。研究分野に限った話をすると、「リスク・インフォメーション」や「リスク・メッセージ」という言葉は一九七〇年代から散見されるものの、最初にリスク・コミュニケーションをタイトルに用いた論文が発表されたのは一九八四年のことである。この年に、別の著者から二つの論文が出されている。その前年に、リスク・コミュニケーションについての研究に資金が拠出されていることなどを踏まえると、一九八〇年代初めごろから議論が始まっていたと考えられるだろう（図2-1参照）。これ以降の関連論文でもリスク・メッセージやリスク・インフォメーションといった言葉は引き続き使われるが、こちらは専門的な用語というよりも日常的な英語の使い方だと思われる。

研究分野以外で現代的な意味でのリスク・コミュニケーションが生まれるきっかけとな

ったのは一九五〇年代のアイゼンハワー大統領による「原子力の平和利用」キャンペーンだと考える研究者もいる。「平和利用」とは、原子力技術を核兵器生産のために使うのではなく、平和（日本の場合はおもにエネルギー生産）のために推進するという考え方である。このプロパガンダに対抗して一九七〇年代に起こった反核運動が、リスク・コミュニケーションという考え方を生むきっかけになったとする見方である。

これはあくまで筆者の個人的な体験だが、一九九〇年前後、学会などでリスク・コミュニケーションの研究者と話をしたときには、アメリカ合衆国の研究者はスリーマイル島原子力発電所の事故（一九七九年）をきっかけにリスク・コミュニケーションを研究テーマにするようになったと言っている方が多かった。他方、ヨーロッパの研究者の多くはチェルノブイリ（チョルノービリ）原子力発電所の事故（一九八六年）が、研究を始めるきっかけとなったと言っていた。ある研究分野が発展していくときに、その時々の社会的な状況が影響する例であろう。

なお、リスク・コミュニケーションについて多くの論文を書いているフィッシュホフは、一九九五年に（リスク認知と）リスク・コミュニケーションの二〇年の歴史を振り返る論文を書いている（Fischhoff, 1995）。このことからすると、少なくとも彼のなかでは一九七五年頃にはこの問題が意識されていたことになるだろう。これは反核運動の台頭が、リス

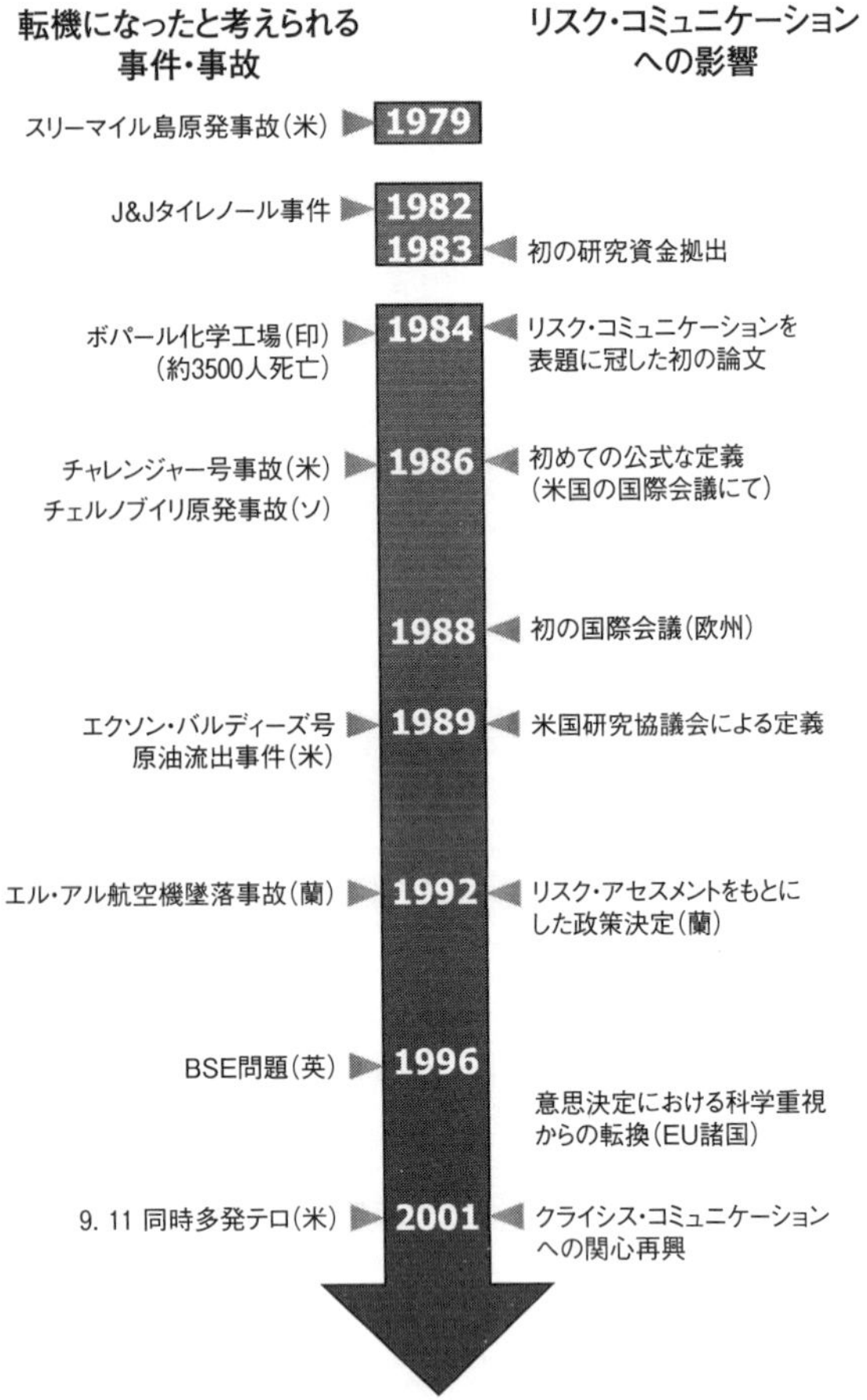
転機になったと考えられる
事件・事故
リスク・コミュニケーション
への影響
スリーマイル島原発事故(米)
1979
J&Jタイレノール事件
1982
1983
初の研究資金拠出
ボパール化学工場(印)
(約3500人死亡)
1984
リスク・コミュニケーションを
表題に冠した初の論文
チャレンジャー号事故(米)
チェルノブイリ原発事故(ソ)
1986
初めての公式な定義
(米国の国際会議にて)
1988
初の国際会議(欧州)
エクソン・バルディーズ号
原油流出事件(米)
1989
米国研究協議会による定義
エル・アル航空機墜落事故(蘭)
1992
リスク・アセスメントをもとに
した政策決定(蘭)
BSE問題(英)
1996
意思決定における科学重視
からの転換(EU諸国)
9. 11 同時多発テロ(米)
2001
クライシス・コミュニケーション
への関心再興

図2－1　リスク・コミュニケーションに影響を与えた出来事

ク・コミュニケーションが脚光を浴びるきっかけとなったという先の指摘とも符合する。リスク・コミュニケーションの初めての公式な定義は、一九八六年に行われた国際会議で作られた。そもそも定義が必要になるということは、その用語が当時は目新しく、類似の概念を整理する必要があったことを示している。

リスク・コミュニケーションという言葉が必要になったのには、二つの理由があると筆者は考えている。一つは、当時の時代背景である。これには、大規模な事故や事件などのリスク問題が社会的に顕在化したことで、専門家にまかせるのではなく、社会全体でリスクを管理していくという民主的な価値観が浸透してきたことが影響している。

二つ目は第1章で指摘したリスク分析の発展であり、これは科学的なリスク評価を人々にどう伝えるかということが意識されるようになってきたことを意味している。このことについては、後ほど改めて説明しよう。

†リスク比較の落とし穴

第1章で述べたように、リスク・コミュニケーションはリスク分析の三要素の一つとされていた。このため当初問題とされていたのは、専門家が行うリスク評価と人々の主観的なリスク評価（リスク認知）との差であった。ここでは、前述のフィッシュホフの論文に

表2-1　リスク・マネジメントの発展段階

第1段階	われわれがすべきことは、正しい数字を把握することである
第2段階	われわれがすべきことは、人々に数字を伝えることである
第3段階	われわれがすべきことは、数字の意味するところを説明することである
第4段階	われわれがすべきことは、人々が過去に同様なリスクを受け入れたことがあると示すことである
第5段階	われわれがすべきことは、人々にとってそれがいい話（取引）であると示すことである
第6段階	われわれがすべきことは、人々を感じよく扱うことである
第7段階	われわれがすべきことは、人々をパートナーとすることである
第8段階	上記1から7の段階のすべて（を行う）

掲載されているリスク・マネジメントの発展段階に沿って、リスク・コミュニケーションの議論がどのような段階を経て展開してきたかをたどっていこう（表2－1）。なお、論文中でフィッシュホフが説明しているのは七つの段階のみだが、元の表には第八段階（現状）が含まれている。

その第一段階は専門家が科学的なリスク評価を行うことであるが、第二段階以降は、そのリスク評価をもとに、非専門家である一般の人々に向けて行うリスク・コミュニケーションの手法の変遷を示している。つまり、当初のリスク・コミュニケーションに期待されていたのは、専門家が行うリスク評価と非専門家のリスク認知とのギャップをいかに埋めるか、あるいはどのようにすれば人々の理解を得られるかということであった。

科学的なリスク評価の結果を正しく伝えること（第二段階）から始まって、そこで示された数字を、人々はすんなりとは理解できないだろうから、コミュニケーション技術を使ってわかるように説明しよう、というのが第三段階である。そのためにさまざまな説明方法が検討されてきた。

第四段階で用いられたのは、「リスク比較」である。わかりやすく伝えるために、「○○（新しいリスクが入ることが多い）で亡くなる人は、毎年の交通事故で亡くなる人よりも少ない」であるとか、「△△のリスクは、喫煙のリスクよりも小さい」というように、人々にとってすでになじみのあるリスクとの比較が行われる。しかし、この手法が効果的でないことは早い段階から明らかになっていた。その理由は、比較されるリスクがしばしば恣意的に選ばれるからである。リスク比較においては多くの場合、新しい（説明が必要な）リスクが、それよりも低い既知のリスクと比較される。比較に用いられるのがより低いリスクのものであるということは、そのリスク比較は、たとえば「車を運転しているならば、○○という新しいリスクは受け入れなさい」ということを暗黙のメッセージとして伝えていると解釈されるだろう。それは、説明ではなくて、人々の行動に対する指示である。

また、比較されるリスクとしては自動車の運転や喫煙が取り上げられることが多いが、これらは人々が自発的に選んで行っている行動である。そこにリスクがあることは承知しているが、それ以上のベネフィット（生活の便利さや満足）があるから受け入れているものである。しかし、比較対象となるリスクは多くの場合、特にベネフィットもないような

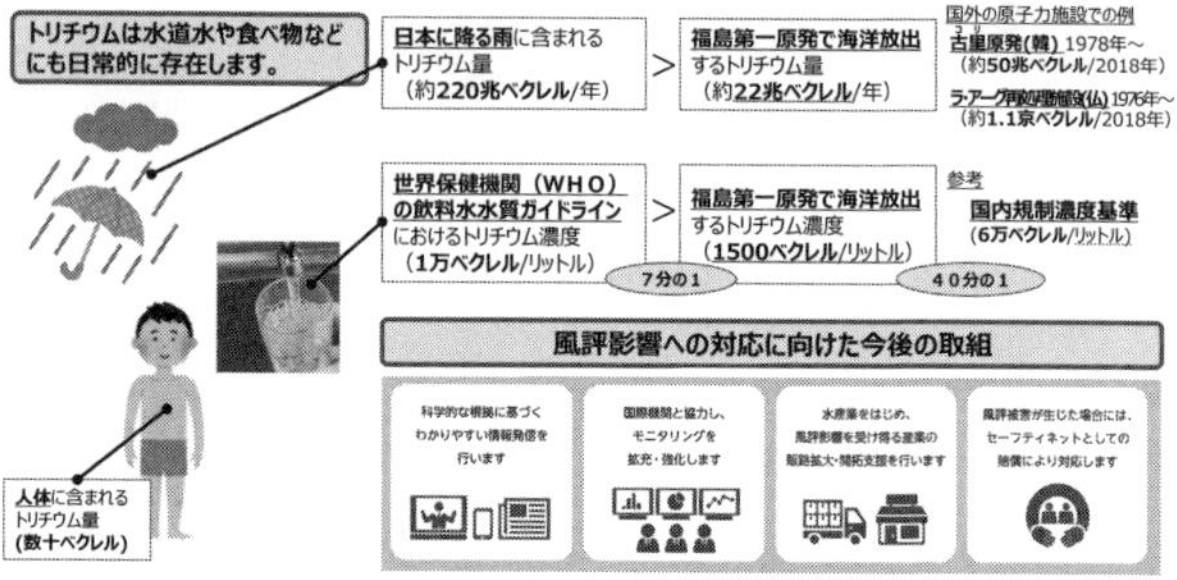

図2-2　経済産業省が作成した説明資料

ものであることが多い。自発的に受け入れているリスクと他者から押しつけられるリスクとの比較が多くの人々にとって意味をなさないことは言うまでもないだろう。

したがって、リスク比較は人々の反発を招きやすい。リスク比較について多くの研究を行ってきたコベロら(Covello et al., 1989)は、同じリスクの継時的な比較(たとえば、交通事故の経年変化や、化学物質排出量の変化などが考えられよう)以外でリスク比較を使うことは勧められないとしている。ただ、日本ではこの手法はいまだに使われており、たとえばＡＬＰＳ処理水(福島第一原発から発生した汚染水を多核種除去設備で処理したもの)の海洋放出のために経済産業省が作成した説明資料では、海洋放出の影響について、「日本に降る雨に含まれるトリチウム量よりも、福島第一原発で海洋放出するトリチウム量が少ない」といった比較がなされている(図2-2参照。ただし本書では、「処理水」なるものにトリチウム以外の放射性物質が含まれていることについては、立ち入って議論しない)。

†対等なパートナーとして扱う

第五段階は、上述の議論とも関係するが、人々がリスクとベネフィットを比較考量したうえで自分の行動を決めていることに着目し、ベネフィットを示すことで行動変容を促すような手法である。たとえば、あるリスクを受け入れることで経済的利益が得られるとか、他のリスクを減らせる、というように説明することである。このような手法は必ずしも効果的ではないが、ベネフィットの示し方次第では、人々の考えを誘導できる可能性がある。すなわち、同じ内容のリスクとベネフィットであっても、ベネフィットを強調する表現にすることで、リスクを受け入れるようにさせることも可能である(第5章第3節で触れる「フレーミング効果」)。

いずれにせよ、情報の内容や手法だけでは専門家とのギャップを埋められないことが明らかになると、コミュニケータのコミュニケーションスキル、特に非言語的なコミュニケーションスキルが重視されるようになる(第六段階)。次に述べる広報の話とも関連するが、この段階あたりから、リスク・コミュニケーションに関する訓練(ここでは、話し方や会議の進行などのスキルが中心となる)が注目されるようになってくる。

第七段階になってはじめて一般の人々を専門家に近づけてギャップを埋めるのではなく、相手を対等なパートナーとして扱うという段階に至るようになる。ある意味ではこれがリスク・コミュニケーションの精神だと言ってもよいだろう。

最後に、ようやく第八段階、すなわちどれも行うべきだという段階にたどり着く。つまり専門家とのギャップを埋めるという、「専門家が先生で非専門家が生徒」というようなパターナリスティック（父権主義的）なコミュニケーションではなく、専門家も非専門家も対等に、コミュニケーション技術をうまく使いながら、リスク問題を解決していくのがリスク・コミュニケーションなのである。

†クライシス・コミュニケーションとの違い

第1章第1節で、リスクとクライシス（危機）は区別されると述べた。すなわち、リスクが顕在化したものがクライシスである。そのため、危機時のコミュニケーションをクライシス・コミュニケーション、通常（平常時）のリスクについてのコミュニケーションをリスク・コミュニケーションというふうに使い分けることがある。しかし、リスクとクライシスが異なる意味を持つからといって、クライシス・コミュニケーションは危機時のコミュニケーションであると考えることには問題がある。

その理由は二つある。第一は、両者の目的の違いである。リスク・コミュニケーションの背景には、その歴史からも明らかなように、当時の大きな事故や事件がきっかけとなったために、科学に基づきつつ、社会全体でリスク情報を共有し、リスク管理をしていくという考え方がある。つまり、専門家だけが情報を独占したり、意思決定したりするのではなく、誰もが当事者であり、リスク・コミュニケーションに参加するべきだと考える点で、民主的な考え方を背景にしている（ただし、数十年の時を経てリスク・コミュニケーションにおける科学の位置づけにも変化がある。これについては、第7章を参照）。

これに対して、現代的なクライシス・コミュニケーションは、一九六〇年代のキューバ危機の際に、どのように情報を管理するかという問題として検討されるようになったものである。つまり、政治や外交分野に一つの起源を持っており、情報による人々の管理が重要な目的になるため、ときに巧みな情報隠蔽や情報の加工が行われる。一方、リスク・コミュニケーションでは、そういうことは想定されていない。フィッシュホフの八つの段階にも示されているように、「どうすればリスクを（正しく）伝えられるか」という問題意識はあったとしても、人々を一定の方向に誘導するようなコミュニケーションのあり方は、そもそも考えられていない。

†タイレノール事件

二つ目の理由は、一九八〇年代に両者の方向性を分ける二つの事件と事故が起こったことに関係している（Heath & O'Hair, 2009）。それは一九八二年のタイレノール事件と、一九八四年のインドにおけるユニオン・カーバイド社の事故である。

タイレノール事件は、ジョンソン&ジョンソン社（以下J&J社）の「タイレノール」という鎮痛剤に店頭で青酸カリが混入され、最終的に七名の死者を出した事件である。J&J社は当初この事態を掌握していなかったが、地元の新聞社からの問い合わせの電話（社名の綴り、タイレノールのシェアの確認など）があったことを知った幹部の一人が、「新聞記事になるような問題が起こっている」ことを認識して、ただちに危機管理チームを立ち上げ、効果的に広報を行ったことで、危機を迅速に収束させたというものである。

この危機管理チームは、(1)メディアにオープンであること、(2)製品を回収すること、(3)アメリカ的フェアプレイ精神をアピールして消費者の信頼を求めること、という三つの方針を立てた。この対応が消費者の好感を得て、一か月後に三重包装で販売再開、約一年後にはトップシェアの地位を取り戻している。

この事件をきっかけに、企業の危機時における広報の重要性が認識されるようになり、広報業界がクライシス・コミュニケーションの分野に進出することになった。その内容はコミュニケーション訓練や、記者会見の練習、危機管理計画の立案や広報の仕方のコンサルティングなどである。この業界が新しい収入源を見つけたと皮肉を言う研究者もいるくらいである。

†警告しない怠慢と知る権利

これに対して、一九八四年のユニオン・カーバイド社の事故（ボパール事故）とは、インドのボパールの工場からイソシアン酸メチルが工場外に流出し、多くの死者を出したものである（死者数は正確にはわかっておらず、三五〇〇人から一万人と推計に幅がある）。この事故は、アメリカ合衆国においていくつかの法律の改正や策定が行われるきっかけとなった。特に、地域社会にリスクがあることを知らせるための「緊急計画および地域の知る権利に関する法律」は、アメリカ化学工業会（当時）が、「レスポンシブル・ケア・プログラム」を推進する一つのきっかけとなった（「レスポンシブル・ケア・プログラム」とは、もともとはカナダ化学品生産者協会が創始した市民との対話活動である）。法律を受けて、地域の人々の知る権利と民主的なリスク管理を重視する方向へと業界が変化したのである。

もちろん、業界からみれば、工場が安全に操業していることは大前提である。しかし、事故のリスクはゼロではないのだから、それを住民に伝え、対話の機会を持つようにしたことは、事故をきっかけにしたリスク・コミュニケーションへの転換とみることができる。「警告しない怠慢（failure to warn）」や「知る権利（right to know）」は、リスク・コミュニケーションの根幹をなしており、これらは統制的な管理を前提とするクライシス・コミュニケーションとは明らかに異なる点である。

クライシス・コミュニケーションはもともと、主に軍事や外交分野で使われていたが、リスク・コミュニケーションが登場してからはあまり使われなくなっていた。ところが、図2－1にあるように、二〇〇一年にアメリカ合衆国で9・11テロが起きると安全保障分野が社会的注目を集めるようになり、その影響でこの分野の人々になじみのあったクライシス・コミュニケーションが再び脚光を浴びることになった（くわしくは第5章参照）。

†意思決定過程への参加

ここまでの説明から、リスク・コミュニケーションは、リスクについての情報に関するコミュニケーションに限られるように感じてしまったかもしれない。しかし、第3節でくわしく述べることになるが、リスク・コミュニケーションは、そういったリスク情報の直接的なやり取りだけに限られるわけではない。

たとえば、医療現場で行われるインフォームド・コンセント（日本では「説明と同意」と訳される）やセカンド・オピニオンの仕組みも、リスク・コミュニケーションに含めることができる。インフォームド・コンセントは、治療の方針などについて、十分な説明を受けたうえで、患者が同意（または拒否）することである。セカンド・オピニオンも、患者が自分の担当医師の治療方針や意見だけでは納得がいかない場合に、他の医師（第三者）に意見を求める制度である。「セカンド・オピニオン外来」を持っている医療機関もある。

インフォームド・コンセントもセカンド・オピニオンもどちらも制度化されており、重要なのは意思決定の主体が当事者である患者だという点である。もちろん、専門家はリスクに関する情報は提供するものの、以前は専門家が独占してきた意思決定に患者が参加するという点では、ボパール事故をきっかけとした住民参加と同じように、リスク・コミュニケーションにおける民主的な意思決定の特徴をみることができる。

住民であれ、患者であれ、当事者が参加するのがリスク・コミュニケーションであり、そうでないものはリスク・コミュニケーションとは言えない。あらゆるところにリスクはあるのだから、誰もがリスク・コミュニケーションの当事者である。「自分には関係ない話だ」と言うのではなく、実は自分も当事者である（あるいは、当事者になる可能性がある）という意識を持って参加するのがリスク・コミュニケーションのあるべき姿である。

当事者の参加を可能にするには、リスクについての情報がきちんと知らされていることが前提になる。すなわち、情報公開と透明性である。どちらも、リスク・コミュニケーションが注目されるのとほぼ同時期に議論されるようになってきた言葉であり、民主的な意思決定の重要性が認識されるようになってきたという社会的な変化が、リスク・コミュニケーションを生み出し、また、さまざまな新しい仕組みを生んできたのである。

2　コミュニケーションとしてのリスク・コミュニケーション

†それは「意見交換会」か？

とはいえ、リスク・コミュニケーションもコミュニケーションの一つなのだから、リスクの伝え方という点からみれば、コミュニケーションにかかわるさまざまな知見が役立つ。ではリスクについてコミュニケーションをするとは、そもそもどういうことだろうか。

「リスク・コミュニケーション」と言うとき、「リスク」も「コミュニケーション」も、的確に直訳できる単語がないため、その内容が理解されにくいという問題がある。そこで、リスク・コミュニケーションを「リスクについての情報共有」や「リスクについての情報交換」と言い換えたりすることもあるが、「情報共有」自体はコミュニケーションとはいえない。「共有」や「交換」だけでは、情報が送り手と受け手との間を行き来しているだけで、そこにコミュニケーションをしている者どうしの相互作用がないからである。

たとえば、リスクに関する「意見交換会」が行政によって開催されることがある。具体的には環境リスクや、事故後の説明会のようなものが多い。ここであえて「説明会のようなもの」と書いたのは、行政からリスクについての説明はある（この意味で行政と住民との間での「情報共有」はあると言えるかもしれない）けれども、意見交換と言いながら、実際には一方的な説明が行われることがほとんどだからである。質疑応答が仮にあるとしても多くは形式的なものであり、本当に意見交換が行われているのか、疑わしい例も多い。

そもそも、リスク・コミュニケーションの要素として、リスクについての「情報共有」や「意見交換」は含まれているが、それは一部であって全体ではない。そのことを理解するために、まずコミュニケーションとは何かについて、基本的なことを確認しておこう。

†コミュニケーションとは何か

ここでは話を簡単にするために、二人の間でのコミュニケーションを例にあげて説明する。図2-3に示すようにAさんとBさんの間でのコミュニケーションを考えてみよう。

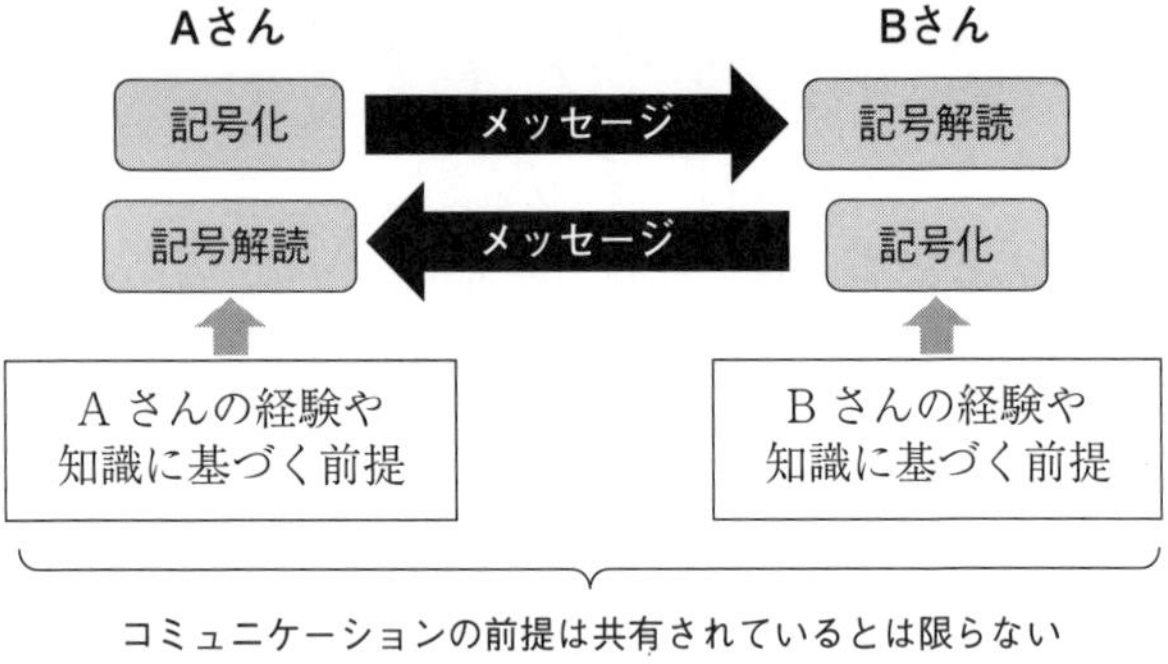

図2-3　コミュニケーションの過程

送り手であるAさんは、何か伝えたい内容を言葉に置き換えて（「記号化」という）Bさんに伝える。受け手であるBさんは、その意味するところが何であるのかを解釈して理解する（「記号解読」という）。このやりとりがコミュニケーションであるが、ここで重要な点は、記号化したり、記号解読したりする際に、お互いに誤解が生じる可能性があるということである。つまり、Aさんは「Bさんにはこのように話せば理解してもらえる」と考えてメッセージを送るわけだが、その推定が正しいとは限らない。また、Bさんも「Aさんはこう考えて伝えているはずだ」と考えたうえでメッセージを解釈するが、やはりそれが正しいとは限らない。

図に示すように、互いの知識についての前提（共通基盤）が共有されていないと、表面上はコミュニケーションが成立しているようにみえている場合でも、実際には誤解が生じている可能性がある。その誤解にどちらか（または両方）が気づくことができれば、「あなたの言っていることはこういうことですね」と確認して誤解を修正していくことができるが、気づかれずにそのままになってしまうこともある。

†相互作用としてのコミュニケーション

コミュニケーションの前提が共有されていないということをお互いが理解できていれば、自分の言っていることが意図通りに相手に伝わっているかどうかを確認し合いながらコミュニケーションすることができる。これをコミュニケーションの相互作用という。

たとえば、リスク・コミュニケーションで専門家が非専門家に何かを説明する場合を考えてみよう。よく見られるケースだが、リスクについて説明するとき、「ゼロリスクはありません（だから、〇〇する）」と言う専門家や行政関係者がいる。しかし、ゼロリスクがないことは誰でもわかっている。そもそも「人々はゼロリスクを求めている」というのは専門家の誤解であることが、早い時期から指摘されてきた。

あるいは専門家からみれば、そのように聞こえる要求もあるかもしれない。しかしそれは、「たとえ津波の被害は避けられないとしても、その場合の被害の程度をできるだけ小さくしてほしい」という、ハザードの低減に関する要求かもしれない。あるいは、「事故はゼロにはできないかもしれないが、事故の起こる確率ができるだけ小さくなるように、安全対策をきちんとしてほしい」という、確率の話をしているのかもしれない。お互いが何を伝えようとしているのかを推測して、その正しさを確認し合いながら議論しなければ、議論は当然かみ合わないものとなる。

つまり、このような状況で「みなさんはゼロリスクを求めているのでしょうけれども」と言う専門家は、的外れな発言をしている。聞いているほうにしてみれば、「リスクがゼロでないことはわかっている。それを少しでも下げる努力をしていますか」あるいは「どういうところで下げられますか」という問いを出しているのに、その答えになっていないからである。

このような行き違いや誤解をなくすためには、お互いに相手の知識や前提としていることについて、何を知っていて何を知らないのかを確認することが必要だが、現実にはあまり行われない。専門家と非専門家との対話の場合、専門家は自分のほうには知識があって、非専門家にはその知識がないという前提で話をしてしまうが、聴衆のなかにも専門家がいるかもしれないという可能性を考えていないことも多い。

あるいは、専門家が自分のもっている知識について、正しく把握していないことすらあるだろう。筆者は心理学を専門としていて、心理学の知識が役に立つと考えているような他分野の研究をすることがある。たとえば、災害時のコミュニケーションはどのようにすればよいか、という問題があるとしよう。この問題については本書のなかでも語っていくことになるが、だからといって、津波発生のメカニズムについて必要があって勉強することはあっても、それを専門家として語ることはない。それは、筆者には「心理学については専門知識があるが、災害分野については専門知識がない」という知識があるからである。これは、自分の知についての知を自分がある意味一段高いところから客観的に見ている状況であるが、専門的には「メタ認知」と言う。しかし現実を見ると、この点が曖昧になって専門分野を踏み越えてしまう専門家が存在するのも事実である。

†伝わっているという思いこみ

専門家と非専門家というような普段交流がない人々の間だけではなく、日常生活でもコミュニケーションの行き違いは起こっている。その一つは、「透明性の錯覚」によるものである。これは、人は自分の内心が他者に読み取られているという感覚を持っているということである。もちろん、実際には自分の考えていることなど他者にわかるはずもないので、錯覚そのものである。たとえば、あなたは嘘を言った後で「ばれていないだろうか?」と心配になって相手の表情を見たりした経験はないだろうか。しかし、ばれるわけはないのである（別の理由で嘘と判断されることはありうる）。なぜなら、相手はあなたが何を考えているか（あなたの心の中）を知ることはできないのだから。

気をつけなければならないのは、透明性の錯覚は、親しい間柄ほど、あるいは関係が長くなるほど起こりやすいという点である。それは、図2‐3で示したコミュニケーションの前提がお互いに共有されていると思われているからである。もちろん、親しい間柄ほどコミュニケーションする機会は多くなるのだから、相手が前提とする知識をより理解しているということはありうるだろう。しかし、いつもそうであるとは限らない。リスクに関することについて言えば、職場で安全対策をお互いに確認しているつもりでも、その前提が間違っているかもしれないという可能性を考えて、くどいくらい確認することが重要だろう。

†多様なコミュニケーションのかたち

これまで述べてきたように、リスク・コミュニケーションもコミュニケーションの一つだから、それを行う際にもこれまでの一般的なコミュニケーション技術を利用できる。リスク・コミュニケーションという用語は使っていなかったとしても、リスクは昔から存在したのだから、それについてのコミュニケーションは昔から行われてきたと言える。

たとえば、一八五四年に起きた安政南海地震の際に、津波から避難する村人に避難の道筋を示すために稲むらに火をつけたという「稲むらの火」の逸話も、今から考えれば巧みなリスク・コミュニケーションと言うことができるだろう。三陸地方に伝わる「津波てんでんこ」も、二〇一一年の東日本大震災以降、全国で知られるようになったが、これも津波が襲ってきたときにどう行動すべきかの指針を示している。

このほかにも、各地にあるさまざまな伝承のなかには、地域ごとのリスクを昔話のかたちで伝えているものもあり、いずれも標語や物語といった覚えやすいかたちで、リスク・コミュニケーションをしていると言える。たとえば、福島県の民話とされる「ナマズの使い」（毎日放送、一九九〇）は、災害の警告を無視した顛末《てんまつ》（第5章の「オオカミ少年効果」参照）を子どもに教えている。

ここに例示した以外にも、より良いコミュニケーションをするためのたくさんの技術がある。特に筆者が専門とする社会心理学には多くの利用可能な研究成果があるが、それらについては第4章でくわしく紹介していく。

3　リスク・コミュニケーションを定義する

†多様化していく定義

リスク・コミュニケーションが誕生してから半世紀近く経つため、その定義にはたくさんのバリエーションが生まれている。しかし、ここでは先に述べた一九八六年の最初の公的定義ではなく、一九八九年の米国研究評議会（National Research Council, 1989）の定義を紹介する。このレポートでは、一九八六年の定義ではなく、新しい定義が必要となった理由も述べられている。その理由とは、一九八六年の定義はリスク・コミュニケーションを一方向的なメッセージとして捉えており、その成功を送り手の立場からしか見ていなかったというものである。

現在では、さまざまな人や機関が自分なりの定義を提唱するようになっており、それ自体はかまわないのだが、自己流の定義や解釈はえてして、リスク・コミュニケーションとはかけ離れたものをリスク・コミュニケーションとして定義しかねない。だからこそ筆者としては、一九八九年の米国研究評議会による定義にこだわりたいと考えている。そこに、リスク・コミュニケーションが重要であると考えた、当時の研究者たちの問題意識が反映されていると思うからである。

たとえば、二〇二一年に出版された『リスクコミュニケーション』（名嶋ほか、二〇二一）には、「排除の言説から共生の対話へ」という副題がつけられている。しかし、リスク・コミュニケーションが「排除の言説」であったことはこれまでもなかったし、そもそもその歴史や定義を考えればありえないことである。仮にリスク・コミュニケーションがそのようなものとして見えるとすれば、それは著者らが指摘している事例からも顕著に見て取れるように、リスク・コミュニケーションではないものを「リスク・コミュニケーション」と定義して使っている人（あるいは機関）があるためである。そこで、ここでは基本に立ち返ってリスク・コミュニケーションとは何かをきちんと確認しておきたい。

†リスク・コミュニケーションの定義

さて改めて、一九八九年に提案された定義をみておこう。それは次のようなものである。

リスク・コミュニケーションは、個人、集団、機関における情報や意見の交換の相互作用的過程である。それは、リスクの性質に関する多様なメッセージと、厳密にはリスクに関してのものではなくても、リスク・メッセージやリスク・マネジメントに対する法的および制度的な取り決めに対する関心、意見、反応を表すメッセージとを含む。

原文が長いので、通常は最初の一文が引用される。しかし、後半も重要で、この部分によって、リスクに関する情報はリスク・メッセージであり、それはリスク・コミュニケーションの一部分にすぎないこと、リスクについての情報を伝達するだけでは、リスク・コミュニケーションとは言えないことがわかる。また、必ずしも明確にリスクに関係するようには見えないとしても、関連するコミュニケーションもリスク・コミュニケーションに含まれることもわかる。

さらに、市民がリスク・マネジメントに疑問や意見があるとき、それを指摘したり、述べたりすることもリスク・コミュニケーションである。自明なことだが、専門家や行政が市民に向けてリスクについて説明するのは、単なるリスク・メッセージであって、リスク・コミュニケーションではない。また、コミュニケーションなのだから、非専門家が専門家のリスク・メッセージ通りに従う必要もない。

たとえば、「通学路の歩道部分が狭くて危ない」と感じる住民がいたとしよう。そのことを自治体に指摘して、歩道部分を拡幅するように要請するのもリスク・コミュニケーションである。もちろん、すでに自治体がその箇所を危険と認識しているならば、歩道部分を拡幅する前に、通行する車に対して「通学路なのでスピードを落とすように」というような注意書きを掲示していたりすることもあるだろう。これももちろんリスク・コミュニケーションである。

このように定義をきちんとみていくと、私たちの身の回りにはたくさんのリスク・コミュニケーションがあることがわかる。ここで筆者が強調したいのは、リスク・コミュニケーションの主体は、一方的にリスクについての情報（リスク・メッセージ）を伝える専門家や行政だけではなく、私たち社会の構成員全体でもあるということである。

残念ながら、過去の公害や薬害の歴史をふりかえってみると、被害者自らが声を上げ抗議をしてはじめて、社会が問題を認知したり、被害への補償が行われたりすることが少なくなかった。そして被害者だけではなく、当事者でないために声を上げる人々に関心を持たなかった私たちが、もしもその申し立てに協力していれば、問題が長期化しなかったものもあったはずである。そういう事態は、現在も進行中であるかもしれないし、まだ気がついていない問題もあるかもしれない。一見自分には関係がないリスクのように見えても、発言し続けることの重要性がここにある。

†リスクについての議論

ここで、リスク・コミュニケーションの定義のポイントをまとめておこう。というのも、リスク・コミュニケーションに誤解が生じる理由の一つに、多様な意味の解釈が生じていることがあると筆者は考えているからである。

第一に、リスク・コミュニケーションは、その定義から双方向的であることが自明であるが、少なくとも日本において、リスク・コミュニケーションは「リスク伝達」、すなわち一方向的なものだと理解されている場合が少なくない。だがそれは、リスク・メッセージにすぎない。こうした誤解は、「国民の理解を進めるためにリスク・コミュニケーションを」というような政府の理解に端的に表れている。また、「専門家の意見」や「公的機関からの情報を信頼して」というのも一方向的である。専門家の意見が（仮に一致していたとしても）、それが正しいとは限らないし、そこに問題があると考える場合には非専門家が指摘することに何の問題もない。

第二に、前述したようにリスク・コミュニケーションを日本語に置き換えようとするとき、「リスクについての情報交換」と訳されることが多い。これは、先に紹介した定義の一文目をまとめたものと考えられる。しかし、元の英語を読めばわかるが、単なる「交換」（exchange）ではなく、「相互作用的過程」（interactive process）となっている。つまり、情報を交換するだけではなく、それを相互作用的にやりなさい、と言っているわけである。このことは、前節で述べた、そもそもコミュニケーションが相互作用的であることと一致するものであり、それがなければリスク・コミュニケーションとは言えない。それが単なる情報交換でないことは、「コミュニケーション」である以上、明らかである。

第三に、リスク・コミュニケーションはリスク分析の三要素の一つとされるために、また、その歴史から科学的なリスク評価と密接に関係しているために、日本ではしばしば、「科学的なリスク評価」（ができていれば、の話だが）に基づく決定を伝え、人々がそれを受容することがリスク・コミュニケーションの目標だと考えられてきた。もちろん、フィッシュホフの初期の段階にみるように（第1節参照）、リスク評価はリスク・コミュニケーションの前提となるが、それがすべてではない。先に紹介した一九八九年のレポートにすでに明記されているが、科学的な評価だけではなく、人々の関心や価値、懸念も同じく考慮されなくてはならない。科学だけで意思決定が行われるわけではないし、そうならないためにリスク・コミュニケーションをするのである。

まとめると、リスク・コミュニケーションは、民主的な社会において、リスクをどのように社会で管理していくかについて、情報を交換しつつ、意思決定していくものである。

これをあえて日本語にするのなら、筆者は「リスクについての議論」と呼びたい。

†新しい用語は考え方を変える

新しい用語の誕生は人々の考え方を変える。第1節で紹介した医療におけるインフォームド・コンセントやセカンド・オピニオンは、その好例である。かつて、治療方法の決定権は医療の専門家にあったわけだが、インフォームド・コンセントという用語が使われるようになり、それが制度化したことで、「患者に説明をする必要」があるという意識が医療者に生まれ、患者の同意が必要だということも意識されるようになった。患者の側でも「医師におまかせ」ではなく、自分でどうしたいかを考えて意思決定をするという意識が生まれてきた。つまり、意思決定の主体が変化したことが、両者に意識されることになった。たとえそれが単なる書面による説明のみで、患者は十分にわからないままサインするのが現実であったとしても、である（もちろん、この状況をインフォームド・コンセントと称しているのであれば、それは改善されなければならない）。また、「セカンド・オピニオン」という用語によって、「他の医師の意見を聞いてもいいのだ」という意識が患者に生まれるようになったといえる。

リスク・コミュニケーションも同じである。リスク・インフォメーションやリスク・メッセージという以前からある用語ではなく、新しい用語が使われるようになったことで、専門家や行政、企業は、リスクについて伝えることが問題になっているのだと認識するようになった。また、正しい理解かどうかはともかく、少なくとも「情報交換」はしなければならないとか、リスク情報に関する対話をしなければならないのだろうか、と考えるきっかけにはなっているであろう。また、市民の立場からみれば、専門家にまかせるのではなく、自分で考えて意思決定すること、あるいは社会全体で議論して意思決定していくことの重要性が認識されるようになっていくのである。

このように意識の変化は、社会の仕組みや制度も変えていく。この点については、次節で説明する。

4 リスク・コミュニケーションの実例

†身近にあるリスク・コミュニケーション

リスク・コミュニケーションは、私たちの身の回りにあふれている。たんにそれをリスク・コミュニケーションと呼ばないだけで、私たちは日々それを行っている。

たとえば、台風の時期になれば進路予想が出されるが、これもリスク・コミュニケーションである。進路予想は、近い将来ほど予報円が小さく、遠い将来ほど予報円が大きくなっている。これは時間が先になるほど、予想の不確実性（どの方向に行くかの確率と言い換えることもできるだろう）が増すことを、図で示している。言葉で説明されるよりも、図を見ればそのことがよくわかるし、これを見てどの程度の範囲の人が、どの程度の準備をすればよいのかを理解して、あらかじめ台風に備えることができる。最近では、強風や大雨が予想されるときには、事前に計画的に列車の運行を止めるようなこともあるし、それによって通勤や通学の時間をずらす場合もある。これも情報に基づいて、人々が判断している事例である。

もちろん、被害が予測されるときには注意報や警報が出され、その情報をもとに避難の準備をしたり、地方自治体が避難所を開設したりする。緊急地震速報が出れば、地震に備えた行動をとることになるだろう。このように、私たちは日常的にリスク・コミュニケーションを利用しているのである。

†制度化されたリスク・コミュニケーション

災害に関係するものとしては、ハザードマップ（災害予測図）も、リスク・コミュニケーションの一例である。たとえば雨がどれだけ降れば、どこがどの程度浸水するのかといった情報は地方自治体のウェブページで公開されているし、新しい自治体に転入する手続きをしたときに、紙のハザードマップを手渡されることもあるだろう。

ハザードマップには、土砂災害や津波ハザードマップなどさまざまなものがあるが、強調しておきたいのは、ハザードマップは現在でこそ公開されているが、以前は公開されると地価が下がるという理由で公開に抵抗があったことである。リスクがあるとわかっている土地は売れない、ということである。現在は、少なくとも水害のリスクについては、不動産売買の際に、販売業者に説明義務が課されている。この事例は、リスク・コミュニケーションの基本である情報の公開が、制度として実現した例である。

このように、リスク・コミュニケーションは、制度に支えられるかたちで社会に浸透していくこともある。たとえば、食品のパッケージにアレルギー物質を表示することが義務化されたのは二〇〇一年からであり、その後対象となる物質も増えている。たとえば、図2-4は、ある食品のパッケージについているものだが、バナナ、豚肉、鶏肉、リンゴにアレルギーのある人はこの商品を食べないことでリスクを避けられる。

また、筆者は二〇一六年にオーストリアに滞在していたが、当時オーストリアには一四個のアレルギー物質の表示があった（図2-5）。日本人とはアレルギーを起こすものの種類が異なるため指定されている物質が異なるが、特徴的なのはそれぞれの物質がアルファベットで識別できるようになっているところである。覚えるのが面倒といえば面倒だが、この記号はレストランのメニューにもついていることが多いので、全部覚えていなくても、たとえば自分にはAとDにアレルギーがあるとわかっていれば、その記号がついているメニューを避けることができる。

本品に使用しているアレルギー物質 （色のついているものを使用しています。）						
えび	かに	小麦	そば	卵	乳	落花生
あわび	いか	いくら	オレンジ	カシューナッツ	キウイフルーツ	牛肉
くるみ	ごま	さけ	さば	大豆	鶏肉	バナナ
豚肉	まつたけ	もも	やまいも	りんご	ゼラチン	アーモンド

同一製造ラインでえび、かに、小麦、乳成分、牛肉、ごま、大豆を含む製品を製造しています。

図２－４　アレルギー物質の表示の例

警告しないことの責任

これまで、主に表示や情報提供のかたちでのリスク・コミュニケーションを紹介してきたが、意外と身近なところにこうした実例があることに気づかれたのではないだろうか。たとえば、ペットボトル、お菓子のような身近な商品のパッケージを眺めるだけでも、たくさんの注意書き、つまりリスクについての情報を見つけることができるだろう。

商品パッケージにリスクに関する情報が増えたのは、日本においては一九九五年に施行された製造物責任法（ＰＬ法）が影響している。ＰＬ法は、製品の欠陥によって、生命・身体・財産に損害が生じた場合、製造業者等に損害賠償責任を負わせる法律である。この

Die 14 Allergene
WKO
WIRTSCHAFTSKAMMER BURGENLAND
TOURISMUS · FREIZEITWIRTSCHAFT
A
GLUTENHALTIGES GETREIDE UND DARAUS GEWONNENE ERZEUGNISSE
B
KREBSTIERE UND DARAUS GEWONNENE ERZEUGNISSE
C
EIER VON GEFLÜGEL UND DARAUS GEWONNENE ERZEUGNISSE
D
FISCH UND DARAUS GEWONNENE ERZEUGNISSE (AUSSER FISCHGELATINE)
E
ERDNÜSSE UND DARAUS GEWONNENE ERZEUGNISSE
F
SOJABOHNEN UND DARAUS GEWONNENE ERZEUGNISSE
G
MILCH VON SÄUGETIEREN UND MILCHERZEUGNISSE (INKLUSIVE LAKTOSE)
H
SCHALENFRÜCHTE UND DARAUS GEWONNENE ERZEUGNISSE
L
SELLERIE UND DARAUS GEWONNENE ERZEUGNISSE
M
SENF UND DARAUS GEWONNENE ERZEUGNISSE
N
SESAMSAMEN UND DARAUS GEWONNENE ERZEUGNISSE
O
SCHWEFELDIOXID UND SULFITE
P
LUPINEN UND DARAUS GEWONNENE ERZEUGNISSE
R
WEICHTIERE WIE SCHNECKEN, MUSCHELN, TINTENFISCHE UND DARAUS GEWONNENE ERZEUGNISSE
Beachten Sie auch die Inhaltsangaben auf den Etiketten der Produkte welche Sie verarbeiten!
Gastronomen und Hoteliers müssen ihre Kunden künftig darüber informieren, welche Speisen bei ihnen Allergien oder Unverträglichkeiten auslösen können.
Dies ist gesetzlich vorgeschrieben (EU-Lebensmittelinformationsverordnung 1169/2011).
Die Information kann schriftlich (in der Speisekarte) oder mündlich erfolgen und gilt für diese 14 Allergene.
» www.wko.at/bgld/tourismus
» www.allergeninfo.at

図2-5　オーストリアのアレルギー表示

「製品」には加工食品なども該当し、「製品の欠陥」のなかには「指示・警告の欠陥」も含まれている。これはつまり、可能性のあるリスクについて適切に消費者に知らせていなければ、それも欠陥と見なされるということである。そのため、安全な製品を作っていることは前提であるけれども、それでも可能性のあるリスクについて、積極的に伝えられるようになったのである。

こうした変化のきっかけは、やはり第1節で紹介したインドのボパールの事故である。リスクがあるのなら、それを伝えないのは「警告しない怠慢」である。ハザードマップやアレルギー物質についての情報が公開されるようになったのも同じような考え方に基づいている。

消費者も「注意書きが多すぎる」と見逃してしまうのではなく、きちんと読んでおく責任を持つことになる。商品におかしいところがあると思ったときに、問い合わせることも重要である。たとえば、食べ物を食べて調子が悪くなることはそう珍しくもないが、それが各所で起こってその食品に問題があると把握されるまでには時間がかかることがある。二〇〇八年に日本で問題化した冷凍餃子（毒物の混入）の食中毒事件はその典型だが、全国で散発的に起こっていることを、個人は知りようがない。それを把握するためには、「食べて問題が起こった」ことを消費者として報告することも重要である。同じ報告が各地から入れば、共通の食品に問題があることに当局が気づくことができる。

何か商品を買ったときに、購入者登録を勧める用紙が入っていることがある。これは企業の側から見れば、顧客の情報を得ることで次の製品開発やマーケティングに活かす、という利点がある。他方、消費者からは、リスク・コミュニケーションに参加しているという見方もできる。もし、その商品に問題があったとき、誰がその商品を持っているか企業側は情報をもっているのだから、少なくとも登録をした消費者に対しては、リスクがあることを知らせることができる。

これは筆者の体験だが、大きな地震があった後、所有しているエアコンのメーカーから、当該地域で被害を受けた製品について、特に被害が大きかった地域で優先的に点検修理をするという連絡が来たことがある。筆者の地域はこれには該当していなかったが、登録していることが、たとえ被害を受けたとしても、対応を迅速にする一例であろう。

ハザードマップもそうであるが、行政からリスクを知らされたならば、自分のところには避難が難しい家族がいると、近隣の人や行政に知らせておくこともできる。そうすれば、実際に災害が起こったときに、どこに避難が困難な人がいるかわかるので、早めの避難を呼びかけたり、手助けをすることができる。

購入者登録や避難が困難という情報の登録は、考え方によっては、自分個人の、もしかすると他人には知られたくない情報を企業なり行政なりに渡すことになると考える人もいるかもしれない。どうするかは個人の意思決定に委ねられる。

†制度を活用する

このように、制度ができることでリスク・コミュニケーションがより進むこともある。製品の説明書の冒頭にある、数ページにわたる注意書きも、消費者が使い方を間違えることで起こりうるリスクについて記述してある。先ほど例に挙げたハザードマップを不動産取引の際に説明するよう義務化しているのも、制度がリスク・コミュニケーションの実施を保証している例である。リスク・コミュニケーションが使われるようになって数十年を経て、社会の仕組みや法律が、リスク・コミュニケーションを、たとえそれを明示的にリスク・コミュニケーションと言わなくても、社会のなかで実現しているのである。

せっかく制度があるのだから、積極的に活用したい。これまでに挙げた例の多くは、私たちは、単に消極的にリスクについての情報を受け取っているだけではなくて、実は主体的にリスク・コミュニケーションに参加できる可能性がいくらでもあることを示している。リスクを知らせる責任は企業や行政にあるが、その過程に、私たちが積極的に参加することで、リスク・コミュニケーションをより活用することができるのである。

5　個人のリスクと社会のリスク

†個人的選択と社会的論争

リスク・コミュニケーションの定義を行った一九八九年の米国研究評議会のレポートでは、リスク・コミュニケーションが扱う事態を二つに分けている。一つは、個人的選択であり、もう一つは社会的論争である。図2‐6に、それぞれ代表的な問題を例示した。

個人的選択の事態とは、リスク・コミュニケーションはするけれども、最終的な意思決定は、それぞれの個人に委ねられているようなものである。これに対して、社会的論争の事態には、リスク・コミュニケーションをしたうえで、社会全体として意思決定をするものが含まれる。

個人的選択の消費生活用製品は、私たちが日常使っているものである。たとえば、電化製品を買うと、使用説明書の冒頭に、ときには数ページにわたって「使用上の注意」が書かれている。また、洗剤のなかには、「混ぜるな危険」とか、「使用のときには換気をすること」などの注意書きが書かれているものがある。先に述べたように、これらもリスク・

コミュニケーションである。

医療や健康問題も、個人的選択の事態に含まれる。さきほどインフォームド・コンセントやセカンド・オピニオンを例に挙げたように、仮に説明をする医師が最適だと思っている選択肢があったとしても、説明を聞いたうえで最終的に選ぶのは患者個人である。「どうせなら太く短く生きたい」という言い方をする人がいるが、そういう人は、たとえ医療者から生活習慣の改善を指摘されたとしても、それに従わないかもしれない。それを決定するのは自分自身なのだ。

災害も個人的選択に含まれる。避難するか、しないかは典型的な個人の意思決定であろう。たとえ、自分の住む自治体から避難するように指示されたとしても、家にとどまりたいと考える人はいる。また、この図のなかで「自然災害」と「科学技術の事故」を分けていることには意味がある。第3章で述べるリスク認知（リスクについての主観的な感覚）が、この二つの災害では異なるからである。

個人的選択	社会的論争
・消費生活用製品 ・医療・健康問題 ・災害（自然災害、科学技術の事故）	・高度な科学技術（原子力発電、遺伝子組換え、ナノテクノロジーなど） ・環境問題

図2－6　リスクの事態

ここまでに紹介した個人的選択の事態に含まれるものは、総じてリスク認知が低いもののであるが、科学技術の事故についてだけはリスク認知が高くなることがわかっている。つまり、自然災害では人々はなかなか避難しない一方で、科学技術の事故では、人々が避難しすぎることが問題となる。実際スリーマイル島原子力発電所の事故の際には、当初「女性と子ども」に対して避難するように勧告が出されたが、成人男性も避難を始めたため道路が渋滞し、結果的に避難に時間がかかってしまった。

†合意による問題解決

社会的論争の事態は、新しい科学技術や多くの人に影響を与える可能性がある問題が含まれる。環境問題や原子力発電はその典型である。たとえば、自分ひとりがCO_2を減らそうと思って生活しても、あるいは、国全体としてCO_2を減らす目標を立てたとしても、世界全体としてCO_2削減に合意しなければ、解決しえない問題である。そのためには、何らかのかたち（たとえば、国際会議や、各国政府に対策を求める運動など）で、合意をはかって解決する必要がある。

注意したいのは、個人的選択と社会的論争は、必ずしもはっきりと分けられるわけではない点である。たとえば、遺伝子組換え技術を使った治療を受けたいと考える人がいるとしよう。その意思決定は個人的選択に属するが、そもそもそういう技術を使ってよいかどうかは、社会的論争の過程を経て決定しなくてはならない。あるいは、喫煙や受動喫煙による健康被害によって医療費が増大すれば、喫煙場所を制限するとか、たばこの価格を上げて購入を抑制するべきだという議論が起こることになる。それに対して、喫煙は個人の自由だという人もいるかもしれない。しかしこの場合、すでに問題は社会的論争（たとえば、建物内での喫煙を制限するかどうかは個人で決められるわけではない）に変わっている。

別の例として、第1章の図1−2で示したような「無添加」表示の使用を、消費者庁が二〇二二年四月から厳格化したことを挙げよう。実際の運用の際には、個別に判断が入るだろうから、本稿執筆時点で断定的なことは言えないが、変更されたルール概要を見る限り、そのような表示は原則禁止とされたように読める。すなわち、もし「人工」（甘味料）や「化学」（調味料）の入っていない商品を買いたい消費者がいるとして、表示があればそれを選ぶことができるが、表示がないと選ぶことができなくなってしまう。つまりこの変更は、どういう商品を買うのかという個人的選択から、消費者の選択する権利をどう確保するのかという社会的論争へと、リスク問題の事態の変更をもたらしている。

†個人がリスクを避けるためには

個人的選択の事態で、個人がリスクを避けるためには、その人がより良い選択ができるように、十分に情報が伝えられなくてはならない。

ここで気をつけなければならないことは二つある。一つは、専門家でない人にリスクについて説明してもわからないのだから、専門家が意思決定をすればよいと考える人がいまだにいることである。これまで述べてきたように、それはそもそもリスク・コミュニケーションではないし、民主主義的な社会において正当ともされないだろう。実際、専門家がしばしば誤った決定をしてきたことも私たちの社会は知っている(第1章第3節)。

たとえば、患者に治療法について説明しても専門的なことはわからないだろうから、専門家である自分が治療法を決めればよいのだと考える医師がいるとしよう。それは、わかるように説明するためのコミュニケーション技術がその医師にないということを示しているにすぎない。コミュニケーション技術がないことは、リスク・コミュニケーションをしなくてよい言い訳にはならない。

もしかすると、患者のなかには「先生が決めてください」と言う人もいるかもしれない。しかし、それは自分の健康にかかわるリスクについて、自分で決めることを放棄しているのである。もしその結果、治療がうまくいかなかったならば医師に責任を押しつけることはできるだろうか。決定することを放棄するのを選んだ責任は自分にあるのだ。リスク・コミュニケーションにおいては、その情報を受ける側にも、理解の水準を上げることと自分の決定に責任を持つことが求められる。この点については、第7章でも触れよう。

二つ目は、自分自身のリスクについては、リスク認知が低くなりがちだということである。つまり、リスクを伝えたつもりでも、本人はそのリスクを自分事として正しく考えない可能性があるのだ。そのため、リスクがあることを本人が理解できているかどうかを確認しながら、情報を伝えていくことが必要である。

そこで役に立つのが、第4章で紹介する、さまざまなコミュニケーションの技術、特に説得的コミュニケーションの技術である。個人がリスクを避けられるように、説得して行動を変えることが、この領域でのリスク・コミュニケーションの重要な目標となる。

†社会でリスクを削減するためには

社会的にリスクを削減するためには、前節で紹介したような制度設計も含めて、さまざまな対策を行っていく必要がある。そのためには、その方針でよいかどうか、社会全体で合意をはかっていく必要がある。個人的選択と社会的論争を分けた米国研究評議会は、社会的論争におけるリスク・コミュニケーションの成功は、「利害関係者や影響を受ける人たちが、その問題やその対応に対する理解の水準を上げ、利用可能な知識の限りにおいて、適切に情報を知らされていると満足している」ことであるとしている。

個人的選択と比べて、社会的なリスクの削減で重要なポイントは、必ずしも最適な解（合意）に至るとは限らないという点にある。関係者は多く、また仮に合意された解があったとして、そしてそれがその時点では最良と思われたとしても、科学技術の進展によって最適な解でないことがわかることもある。その場合には、それがわかった時点で修正するしかないが、そこで鍵になるのが透明性である。当時どういう科学的な証拠をもとに、どのように議論して決めたのかという記録があれば、間違ったとわかった時点で、どのように改めるのか、それを参考にして修正することができる。

現実には、CO_2削減に関する国際的な議論を見てもわかるように、各国が削減（目標）に合意することは容易ではない。同じような問題は、日本の国内でもたくさんあるだろう。たとえば、原子力発電を推進していくのか、それとも止めるのか、国民の議論を通じて決めていくべきだが、実際にはそれは行われていない。放射性廃棄物の処分先も決まってはいない。これまで、原発の立地地域や、産業廃棄物の処理施設などのいわゆる「迷惑施設」が特定地域に集中して立地しているのも（第4章第2節参照）、十分な議論がなされずに決定が行われてきた結果とも言える。

さらに大切なことは、社会的にリスクを削減していく際には正解がわからない状況で議論することもあるのだから、個人のリスクを避ける場合と違って、説得的コミュニケーションの技術を用いてはならないということである。説得的コミュニケーションの技術は、議論を誘導したい人々にとっては魅力的かもしれないが、社会的に論争の起きている問題について、一定方向に人々の考えを誘導するために利用するべきではない。第6章で論じるように、合意形成の手法を使って議論を進めていくべきである。もちろん議論するためには時間がかかるのだから、その時間はあらかじめ考慮されていなければならない。時間がないというのは無計画の言い訳である。時間がないからといって、人々を一定方向に誘導するような技法が使われてはならない。

第3章 リスクを認知する

1　リスク認知とは何か

†リスク評価とリスク認知

これまでの章では、リスク・コミュニケーションの基本的な考え方を説明してきた。続いて本章では、一般の人々がリスクをどのように認識し把握しているかというリスク認知の問題に踏み込んでいこう。そもそも、リスク認知というのはリスクについての主観的な感覚であり、人それぞれが自分なりのリスク認知を持っている。人によって怖いと思うものは違う、と言い換えてもよいかもしれない。たとえば、飛行機事故のリスクは自動車事故のリスクよりも低いが、飛行機に乗るのは怖いという人は少なくない。

リスク分析の分野では、科学的なリスク評価と人々のリスク認知とに乖離《かいり》があることが、リスク・コミュニケーションの必要性を意識させる一つのきっかけとなってきた。科学的なリスク評価では、「ハザード」と「起こる確率」の積でリスクを計算するが、人々はこうした計算によってリスクを認知しているわけではない。たとえば、自分がよく知らないものについてより怖いと感じたり、自然なものよりも化学的に合成されたもののほうがよりリスクがあると感じたりすることはあるだろう。また、普段はあまり地震のことを考えていなくても、大地震が起こった後であれば、地震に対するリスク認知が高くなり、加入していなかった地震保険について調べたりするようになるかもしれない。

このように人々は、多様な評価基準を用いて、リスクについて評価を行っている。それらの基準は科学的なリスク評価には含まれないものだから、専門家のリスク評価とは違いが生じてくる。この問題については、一九七〇年代から一九八〇年代にかけて、多くの研究が行われてきた。以下では、二つの代表的な研究を紹介しよう。

図3－1は、たくさんのハザードについて、人々がどのような評価基準で評価しているかを調べるために、多くの評価基準で評価させたうえで、それを二つの主要な要因（「次元」という）にまとめたものである（Slovic, 1987）。元の研究では、八一個のハザードについて評価させているが、ここでは図を見やすくするために、代表的なハザードだけ掲載している。X軸にあたる第一次元は「恐ろしさ」、Y軸にあたる第二次元は「未知性」の要因を示す。評価に用いられた基準のうち、「恐ろしさ」の基準に含まれていて、それが高く評価されているものには、「一度に多くの人が亡くなる」「将来世代への影響がある」「制御可能性が低い」などがある。「未知性」に含まれるもので、高く評価されるものには、

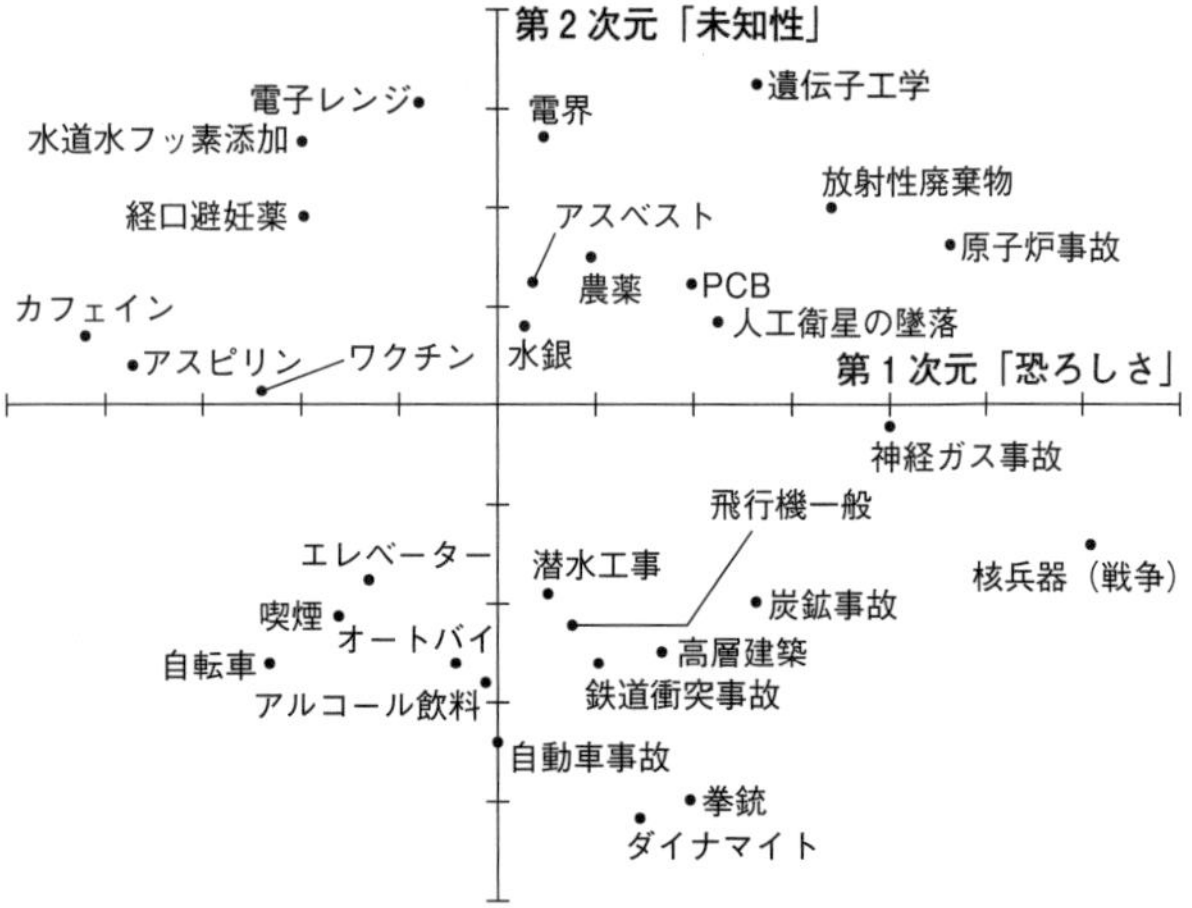

図3-1　人々によるリスク認知の評価基準

「影響が後の世代に出てくる」「なじみのない新しいリスクである」「科学的に未知である」などがある。

†リスク認知の次元

図をみると、恐ろしさの評価が高いのは、核兵器や原子炉事故である。これに対して恐ろしさの評価が低いものにはカフェインやアスピリンがある。未知性が高いものには電界や電子レンジなどが、低いものには自動車事故やアルコール飲料などがある。

遺伝子工学や放射性廃棄物は、恐ろしさも高く、未知性も高いと認知されている（第一象限）。恐ろしさは低いが、未知性が高いと考えられているのは水道水へのフッ素添加や経口避妊薬などである（第二象

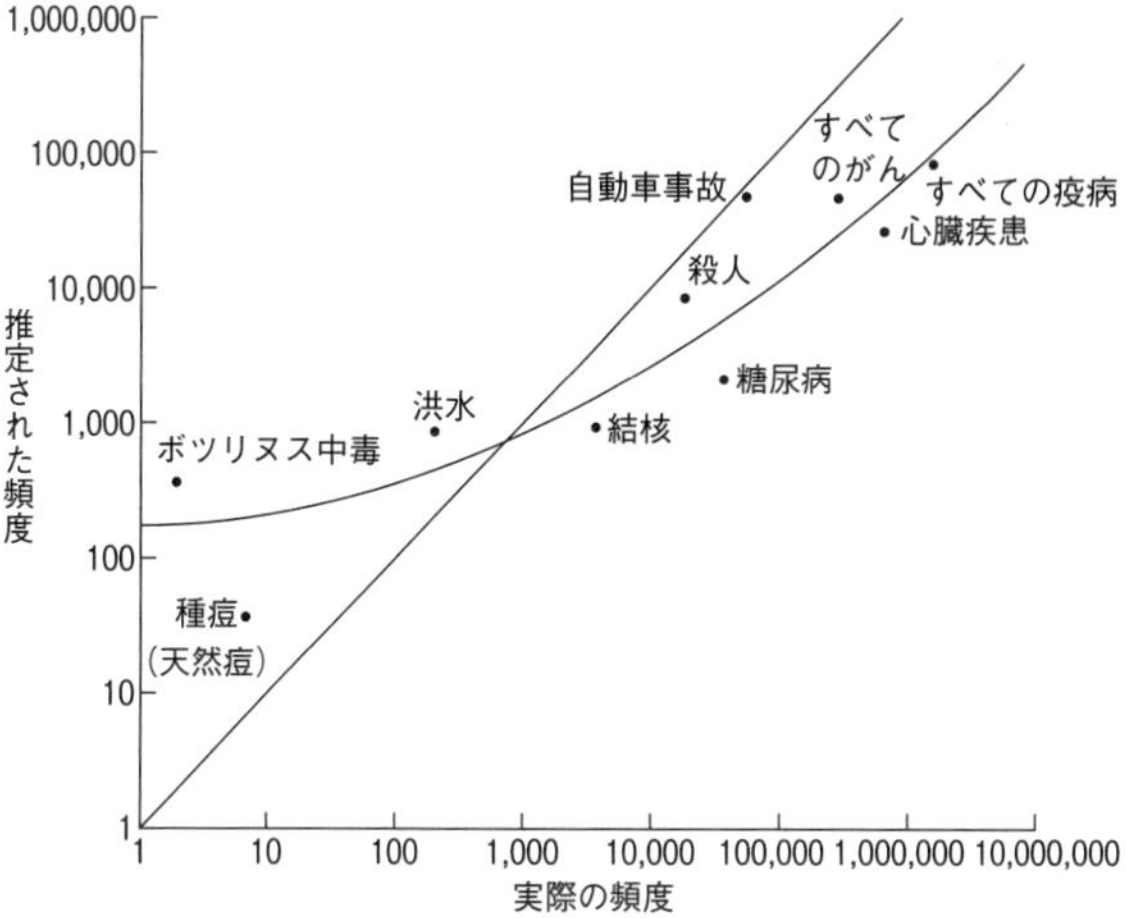

図3-2　人々による死因の推定と現実の頻度

限)。恐ろしさが低くて未知性も低いものには、自転車やエレベーター、喫煙などがある(第三象限)。最後に、未知性は低いが恐ろしさが高いものとしては、炭鉱事故や高層建築がある(第四象限)。

また、一年間にどのくらいの人がその原因で亡くなっているのかを、四〇個の死因について推定させた結果を示したものが図3-2である(Lichtenstein et al., 1978)。

ここでも見やすくするために、一部の結果のみを図示している。横軸は現実の頻度を、縦軸は人々が推定した頻度を、それぞれ示している。もし、現実の頻度と人々の推定が一致しているならば、直線上に点が示されるはずだが、実際には、人々の推定は少し斜めになった線上に乗っている。これは、あまり頻度が高くない死因については過大に評価し、他方、頻度が高い死因については過小に評価する傾向があることを意味している。このずれの実務的な意味を考えてみると、過小に評価されている頻度の高い死因については、積極的に修正するようなリスク・コミュニケーション——たとえば「あなたが思っているよりもリスクは高いのですよ」というキャンペーン——が、場合によっては必要になるかもしれない。

†リスク認知のバイアス

現実の死因の頻度推定や、リスク認知の基準の相違以外にも、リスク評価とリスク認知との間にはずれが生じうる。これらはいずれも「リスク認知のバイアス」と呼ばれることが多く、このバイアスを是正することが当初のリスク・コミュニケーションの役割として期待されていたわけである。つまり、バイアスが生じるのは人々が科学的な知識を欠いているためなのだから、情報を伝えて、人々の知識を専門家のそれに近づければ、バイアスは是正されるはずだという考え方である。

このような考え方を「欠如モデル」ということがある。専門家や行政が「リスク・コミュニケーション」と称して、しばしば一般市民を教育するような一方的な説明や広報をするのは、それが市民の「バイアス」であって、正すべきものであるという信念に基づいているようにみえる。

しかし、リスク認知が主観的なものである以上、科学的なリスク評価と異なるのは当然であり、それは単に、人々が科学的なリスク評価と異なる基準を用いて判断していることを示すにすぎない。また、各人は異なる価値観をもっているのだから、人によって、重視すべきと考えるリスクが異なるのも自然である。

むしろ、ここで示されている差は、「バイアス」という用語で説明するよりも、所属する集団や、個人の価値観により「差異がある」というふうに理解したほうがよいだろう。なぜならば、同じリスク評価をもとにしている専門家どうしであっても、リスク認知に違いがあることがわかっているからである。それについて、次に説明しよう。

†専門家にもバイアスはある

少し古いものだが、化学物質のリスクについて、化学製品を扱うイギリス企業の上級管理職と毒物学会会員、そしてカナダの一般市民とを比較したマーツらの研究がある(Mertz et al., 1998)。その結果、化学製品会社の上級管理職は、喫煙のリスク以外はリスク認知が低く、毒物学会会員と比べても、また、カナダの一般市民と比べた場合にはさらに顕著に、リスク認知が低いことがわかった。特に興味深い結果は、毒物学会会員のリスク認知である。政府や企業に所属している会員は化学製品会社の上級管理職と同様にリスク認知が低かったが、アカデミックな場に所属している会員は彼らよりもリスク認知が高かった。つまり、所属する職業集団によって、リスク認知に差があったのである。

マーツらは、これを「リスク認知の文化差」と呼んでいるが、その「文化」には、「性別、民族、社会的地位、年齢、職業集団、職業的志向」など、さまざまなものが含まれる。

日本においても、小杉ら（一九九九）が、バイオテクノロジーと原子力発電について、一般市民と専門家のリスク認知を調査している。その結果、両者に違いがあっただけではなく、専門家どうしでもリスク認知に違いが見られることがわかった。すなわち、バイオテクノロジーについても原子力発電についても、一般市民のほうが専門家よりもリスク認知が高かったが、専門家を大学教員と研究所の職員（電力中央研究所職員）とに分けたところ、原子力発電については、研究所の職員よりも大学教員のほうが危険だと認知していた。これは、先ほど紹介したマーツらの研究結果と一致する。

さらに、小杉ら（二〇〇〇）は、専門家を専門分野ごとに分けて、リスク認知の差異を検討することも行っている。テーマは遺伝子組換え食物と原子力発電である。どちらに対しても一般市民のリスク認知が一番高かったが、遺伝子組換え食物については、バイオ専門家（日本分子生物学会と日本育種学会の会員）のリスク認知が最も低く、原子力専門家（日本原子力学会の会員）のリスク認知は高かった。これに対して原子力発電のリスクについては、原子力専門家のリスク認知が最も低く、バイオ専門家のリスク認知は、一般市民とほぼ同じ程度に高かった。

このように、一口に「専門家」と言っても、分野によってリスク認知に違いがある。さらに、同じ分野の専門家どうしであっても所属によって違いがあるという事実は、非専門家である一般の人々のリスク認知について、その「リスク認知のバイアス」を是正するためにコミュニケーションを用いる、という発想が明らかに的外れであることを示している。

つまり、知識や教育はもとより、その人の所属する組織や分野、価値観によってリスク認知が異なるのはむしろ当然であり、それを「バイアス」と呼ぶのはそもそも不適切といえよう。むしろリスク認知には差異があることを認めたうえで、どのようなコミュニケーションのあり方が望ましいのかを考えていくべきであろう。要は、誰のリスク認知が正しいかという問題ではないということだ。

社会をあたかも学校のように考えて、先生である専門家が、生徒である非専門家を教え導く、という考え方に囚われている専門家が多いが、社会は学校ではないのだから（そもそも学校であっても、先生の考えに生徒や学生がすべて従うというものではないだろう）、必ずしも専門家の意見に従う必要はない。専門家の意見は参考にすることはあっても、市民一人一人が自ら考えて主体的な選択をするほうが望ましいのだ。

†社会的・政治的態度による差異

リスク認知の差異として、白人男性のほうが女性や有色人種の人々よりも、リスクを低く認知する傾向があることが知られている。これを「白人男性効果」という。この現象が発見された当時は、男性と女性の生物学的な要因による説明が試みられていたが、近年では社会的・政治的な態度によってこの差異を説明できるという研究が出てきている。

すなわち、次のような説明である。概して保守的な政治的態度を持つ人はリスク認知が低いことがわかっており、その理由としては、保守的な態度をとる人の多くは社会的・経済的に優位に立っているために、自分がリスクにさらされる可能性は低いと感じていることが考えられる。そして実際、社会的に優位な立場にいる白人男性は、社会が変化するとその地位が脅かされる可能性があるために、保守的な態度を持つ傾向がある。一見性別や人種による違いに見える白人男性効果も、実は社会的・政治的態度という別の要因によるものであることが明らかになったのである。

筆者は、二〇二〇年からのCOVID-19におけるアメリカ合衆国での人々の行動の差異も、こうした政治的態度の違いによって解釈できると考えている。保守的な共和党支持者が多い州では、COVID‐19に対するリスク認知が低く、マスク着用率も低かった。これは、当時のトランプ大統領の行動にも典型的にみることができるだろう。同様に、ワクチン接種率も共和党支持者が多い州では低かった。

また、社会的に脆弱な地位や、差別されやすい立場にいる人ほどリスク認知が高い傾向がある。これは、リスクに対処する有効な対処手段を持ちえなかったり、自分がリスクに遭遇したときに、差別される立場に陥ったりしやすいためと考えられる（たとえば、経済的に余裕がなければ、保険に入ることができない）。また、エイズ患者のように日頃から病気を理由に差別されやすい人も、リスク認知が高いことが知られている。

†エリート・パニック

専門家や政策決定者といった、いわゆる「エリート」と呼ばれる人々のリスク認知がゆがむことも珍しくないが、特に危機的な状況において、「エリート・パニック」と呼ばれる現象が起き、そのことが社会に重要な影響を及ぼす場合がある。

ここでいう「エリート」と「パニック」という単語の関係には三通りあることに注意したい。第一は、「エリートが（人々の）パニックを恐れる」、第二は、「エリートがパニックを引き起こす」、第三は「エリート自身がパニックになる」である。

第一の「エリートがパニックを恐れる」ということは、「人々が危機的な状況にあたってパニックになる」という思い込みがエリートたちにあることを意味している。しかし、人々が実際にパニックを引き起こす例はきわめてまれであることが、災害の研究や事例からすでに明らかになっている。過去にも飛行機事故の際に、人々が整然と脱出したり、災害の際にも近隣に声を掛け合いながら避難したりする例は多くあり、エリートが持つこのような誤った認識を、ある研究者は「パニック映画の見過ぎ」だと揶揄している。

むしろ実態としては、人々は危機的な状況においては、パニックを起こすよりも、リスクを低く見積もり、行動を起こさないことが多く、その問題のほうが大きい。現実にはパニックが起こらないにもかかわらず、それを過度に恐れることは、きちんと情報を提供しなかったり、情報を控えめに出したりすることにつながる。この問題については、第4章第3節でさらにくわしく説明する。

第二の「エリートがパニックを引き起こす」というのは、主に情報提供のあり方に関係する。典型的な例を、二〇二〇年のCOVID-19流行の際に大阪府知事が「特定のうがい薬が感染を防ぐ」と発表して、市中からうがい薬が売り切れたことにみることができる。もちろん誤った情報であったわけだが、発表が行われるやいなや、大阪だけではなく、全国で市民はそのうがい薬の購入に走ったわけである。別の例も次の節で紹介しよう。

第三の「エリート自身がパニックになる」については、私たちは人の心のなかを見ることはできないので、実際にパニックになっている現場を目撃することはできないが、現実には頻繁に起こっていそうである。たとえば二〇一一年の福島第一原発事故で、原発が水素爆発を起こした際に、「爆発弁を使ってガスを抜いた」という趣旨の発言をした専門家がいた。だが、本当に専門家ならば水素爆発を見誤る可能性は低いだろうから、おそらく本人はパニックを起こして不自然な説明をしたものと推測される。

†さまざまな認知バイアス

リスク認知は主観的なものだから、誰でもリスク認知がゆがむことはある。これまでは、主にリスク評価との対比を「バイアス」として取り上げてきたが、ここでは、専門家、非専門家にかかわらず存在する、リスクに関する認知のゆがみを二つ取り上げよう。

一つは、特に個人のリスクについて、リスク認知が低くなることである。つまり、私たちは、「危険なことは自分に起こらない」と考えがちである。これを、「非現実的楽観主義」という。楽観主義が「非現実的」だというのは、災害でも病気でも、リスクは等しく人に降りかかるのだから、「自分だけは大丈夫」と考えることは非現実的だという意味である。

これは、心理学の認知的不協和理論から説明できる。認知的不協和理論とは、二つの矛盾した認知（考え）があるとき、その不快な状態を解消するために人間の行動や考え方に変化が生じることを説明するものである。

このことを、図3-3を使って説明しよう。たとえば、水害のハザードマップを見て、自分の家には、ある程度以上の雨が降った場合、浸水の危険があるらしいと知った人がいるとしよう。しかし、その認知と、実際に自分がそこに住んでいるという認知とには矛盾がある。この矛盾を「不協和」という。音楽の不協和音から名前を借りているので、頭の中で不快な和音が鳴っているような状況を想像してもらうといいだろう（図の①の矢印の部分）。

この不快な状態には耐えられないので、人はなんとかしてこの不協和を解消しようとする。一番合理的な解は、浸水のおそれのないところに住み替えるという、行動の変更である（図の②）。あるいは住み替えないまでも、避難指示が出たらすぐ避難する、というのも被害を避ける方法であろう。すると、危険なところに住んでいるという認知と、もう住んでいない、あるいは、避難しているという認知には矛盾がなくなる。これを協和状態という（図の点線で示した③の関係）。

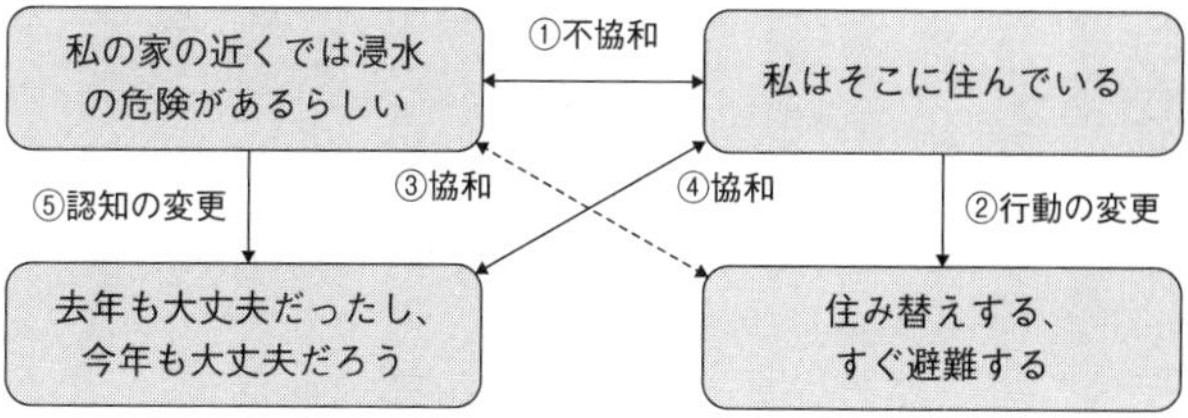

図3－3　認知的不協和理論によるリスク認知低下の説明

しかし、実際には、家を住み替えるというのはそう簡単ではない。家を買ったばかりでローンが残っている場合もあるだろうし、先祖代々長年そこに住み続けているという場合もあるだろう。あるいは、すぐ避難するにしても、こういう場合はたいてい降雨がひどいので、避難するのが面倒だと考えたりする。つまり、行動の変更ができないとき、人々は往々にして考え方（認知）のほうを変えてしまうのである。たとえば、図に示しているように、「去年も大雨は降ったが、わが家は大丈夫だった」とか、「確かに隣の家は浸水の被害を受けたけれども、わが家は被害を受けなかったから、多分わが家は少し土地が高くなっているのだろう」というような理由づけをして、自分がその家に住んでいるという考え（事実）と協和状態にする（図の実線の④に当たる協和状態）。

ここでポイントとなるのは、誰も「あなたの家はきっと大丈夫ですよ」というような説得をしているわけではないところである。あたかも自分で自分自身を説得するかのように、自ら合理化する考えを作り出しているのである。結果として、自宅に浸水のリス

図3-4　黒煙を上げる世界貿易センタービルを見つめる人々（AFP＝時事）

クがあるとハザードマップで知らされているにもかかわらず、自分でリスク認知を下げているのである。

災害分野では、この現象を「正常性バイアス」ということもある。目の前でまさに異常なこと（災害や事故）が起こっているにもかかわらず、「いつもと変わらない」と考えてしまうことを言う。その結果として避難が遅れてしまうのだ。

たとえば、二〇〇一年のアメリカ合衆国における9・11テロの映像を記憶している方もいるかもしれない。このとき、人々が先を争って避難し始めたのは、まさに二つのビルが崩れ始めた瞬間からで、その前まではただ様子を見ている人が多かったのも、このことを裏づけている（図3-4）。

自分に関してリスク認知が低くなるのは、他の分野でも同じである。たとえば、健康診断などで異常を指摘された場合を考えてみよう。「このままの食生活を続けると、将来、生活習慣病になりますよ」と医師に言われた場合、あなたならどう考えるだろうか。今日からすぐに食生活を改めて、運動することを習慣にしよう、というように生活を改善するだろうか。それとも、「でもわが家には、糖尿病になった人はいないし、病気にはなりにくい家系なんだろう」というふうに考えて、生活を改めないままでいるだろうか。後者の場合がまさに認知的不協和が働いている場合で、自分でリスク認知を下げているのである。

リスクに関する認知のゆがみのもう一つの例は、逆にリスク認知が高くなる場合である。これは、「利用可能性バイアス」(availability bias, あるいは、利用可能性ヒューリスティックとも)による。利用可能性とは、情報が手に入るとか、記憶から取り出しやすいというようなイメージで理解するとよいだろう。具体的には、最近大きな事故や事件があったりすると、その問題に関するリスク認知が上がるのは、その一つの例である。あるいは、芸能人が病気にかかったりすると、その病気の検診率が上がったりするのも、この利用可能性バイアスによってリスク認知が上がったためと解釈できる。

2　集合行動への理解

†「買い占め」は愚かな行動か？

エリートがパニックを恐れた結果として、しばしば「買い占め（買いだめ）をしないように」と呼びかけることがある。たとえば二〇二〇年三月頃のＣＯＶＩＤ－19流行初期、マスク不足に加えて、トイレットペーパーなどの紙製品が一時的に品切れになった時期があった。マスクと異なり、紙製品は不足する理由がなく、特に買いだめをする必要はなかったわけだが、一人一人がいつもよりも多く購入した結果、配送が間に合わないなどの理由で、店頭から商品がなくなるという状況になった。

このとき政府は「紙製品は十分にあるから、買い占めをしないように」という趣旨の広報をしたが、このような広報が逆効果になることがある。店頭で商品棚が空であるのを見た市民は紙製品の入手が難しいことをもちろん知っているが、買い物に出かけておらず、その情報を知らない市民もいたわけである。そこに政府が「買い占めをしないように」と呼びかけると、暗に「紙製品が不足している」状況にあることを示してしまう。つまり、他の人は買い占めをしていますよ、というふうに他者の行動を知らせているわけである。

このような情報を受け取った人はどう考えるだろうか。たまたま家には紙製品があったとしても、買い占めている人がいるようだから、不足しないように念のために自分も買っておこうと考えるのが普通ではないだろうか。たとえ、その人が理性的に振る舞う人であったとしても、「理性的に振る舞っていない人がいる」と広報することは、「あなたも買っておかないと損するかもしれませんよ」というヒントを出しているに等しい。

このような人々の行動を、理性的でないとか、愚かであると非難するのは的外れである。合理的に考えれば、万が一に備えて備蓄しておこうと考えるのが普通の行動であろう。防災のために物品を備蓄しておくようにと、普段から言われているではないか。

むしろ、ここで提供すべき情報は、状況の十分な説明と、いつになったら店頭にきちんと商品が並ぶのか、そのめどを伝えることである。単に「買い占めを止めましょう」というように、他の人があたかも非理性的に振る舞っているかのようにほのめかす広報をするのは逆効果である。

†予言の自己成就

このように、一人一人の行動が個人の視点からみれば合理的であっても、多くの人が同じように考えた結果として思いもよらぬことが起こるのは、よくあることである。強風の予測が出ると（窓を補強するための）マスキングテープが売り切れたり、雪が降るとの予測が出るとタイヤチェーンを買い求める人が増えたりすることもある。これらはいずれも、根拠のない情報ではないのだが、「みんな考えることは同じ」になる結果として、一時的に物資が足りない状況が出てくる。

これは、「予言の自己成就」で説明できる。予言の自己成就とは、本来なら起こりえなかったことが、みんなが同じように予測して、それをもとに行動した結果、その予想が現実のものになってしまうことを言う。例に挙げたトイレットペーパーなどの紙製品の場合には合理性がないが、マスキングテープのように合理性のある場合もある。

そのきっかけとなる「予言」（予想）は、必ずしも事実でなくてもよい。たとえば、「これから日本の景気は悪くなって、賃金が下がっていくだろう」と、経済評論家が予測したとしよう。これを聞いた人たちは、給料が下がるなら、買い物を減らそうとか、旅行に行くのはお金がかかるからやめようとか、消費を減らすようにするかもしれない。多くの人がそう考えて、消費を控えれば、ものが売れなくなり、企業の収益が下がる。結果として、多くの企業の賃金は下がってしまうかもしれない。つまり、最初の経済評論家の予測が本当に正しかったかどうかは別にして、実際にそのことが実現してしまうわけである。

先に述べた紙製品の不足も、「政府が買い占めると言っているくらいなのだから、紙製品は足りなくなるのではないか」と人々が予想して、購入を急いだ結果、実際に紙不足が生じることになった。一九七三年のオイルショックのときには、大阪で起こったトイレットペーパー騒動が、全国に飛び火したが、このときも、当時の通商産業大臣が国民に対して、「紙節約の呼びかけ」をしたことがきっかけとなっている。

†社会的ジレンマとしてのリスク問題

リスク問題には、社会的ジレンマという側面もある。社会的ジレンマとは、誰もが利己的に振る舞った結果として、全員が不利益をこうむるという性質を持つ問題である。典型的なものが環境問題である。たとえば、生活の利便性を求めて皆が化石燃料を使った結果、世界中でCO_2が上昇し、温暖化やそれに伴う自然災害のリスクを高めている。あるいは、廃棄物を正しく処理するとお金がかかると考え、山中に不法投棄をしたことによって自然が破壊されるというようなケースは日本中で見られるだろう。

ワクチン接種もジレンマ問題の特徴を持っている。あるワクチンを打つことで感染が防げるとしよう。個人が非常に合理的に考えるならば、周囲の多くの人が接種して、自分は接種しないのが最適な戦略である。つまり、周りの人は接種をしているのだから、周囲に感染者は少なくなり、自分が感染する可能性は低くなる。しかも、自分は接種しないのだから、副反応の心配もない。

もし、誰もがこのように合理的に考えるようになれば、ワクチンを接種しない人が多くなり、結果として感染はなかなか終息しないことになる。ただし、ここでの個人の判断には、ワクチンの副反応というリスクも関係する。もし、副反応のリスクが低いのであれば、感染しないというベネフィットのほうが上回るわけだから、ワクチンを接種することは合理的な判断となりうる。

本章で取り上げたようなリスク認知や集合行動についての知識を持つことによって、自分がリスクを甘くみているのではないか、と自省することもできるし、他者の行動への理解も深めることができる。さらに重要なのは、リスク管理をするべき行政機関がこれらの知識をしっかりと持っていることである。それを欠いたままでは、人々の行動を抑制しようとしたはずの広報が、正反対のメッセージを発信してしまい、思わぬ方向に皆が行動してしまうという事態を招きかねないだろう。

3　安全が油断を招く――リスク・ホメオスタシス

†リスクの許容水準は一定

人々のリスク認知について考える際に、もう一つ知っておくべきことがある。それが「リスク・ホメオスタシス」(Wilde, 2001) という考え方である。これは人々が、自分はどれだけのリスクまでは受け入れられると考えているかという主観的な水準 (受容水準) と一致するようなかたちで自分の行動を選択すると考える理論である。ホメオスタシスとは、生物が生体内の生理状態を恒常に保つことをさすが、この理論では、その用語を借りている。つまり、リスク・ホメオスタシスは、人々が受容できるリスクの水準を一定に保とうとすることを示している。

たとえば、洪水での犠牲者を防ぐ技術的な対策として堤防や調整池の建設が行われることがある。これはアメリカ合衆国のケースだが、そのような対策を行っても、洪水の犠牲者数は減少しなかった。それは、確かに洪水に見舞われるリスクは減ったが、その場所が「安全」だと人々が考えるようになったことで、より多くの人がそこに住むようになったからだと考えられる。これも残念な例であるが、過去の津波の高さに応じて防潮堤の高さを上げることが「津波は防潮堤を越えない」という過信を生み、結果として避難が遅れることにつながることもある。人々が、防潮堤があることで自分たちは十分に安全だと考えてしまうからである。

同じようなことは、他のリスク対策でも起こる。道路が整備されると、交通事故が増える場合がある。これは道路整備によって利用者が増えたことも一因かもしれないが、それだけでなく、これまで注意深く運転していたドライバーが、安心してスピードを出すようになったせいだとも考えられる。道路が整備されて安全になれば、スピードを上げて走る車が増えるから、結果として交通事故が減らなくなる。筆者は自動車を運転しないので、ドライバーの気持ちを推測するだけだが、シートベルトの着用の義務化やエアバッグなどの装備も、かえって安心してスピードを出すことにつながっているかもしれない。

第1章第1節で、私たちの社会ではリスクに対するさまざまな対策が行われてきたり、それについての情報が提供されるようになったりしてきたことを紹介したが、このように安全になればなるほど、逆に人々が安全でない行動をとってしまうことがありうるのである。リスクの「ホメオスタシス」というのは、このように技術的にリスクを減らしたとしても、あたかもバランスをとるかのように、人々がよりリスクの高い行動をとってしまうことをさしている。

†安全な社会を実現するには

リスク・ホメオスタシスの理論は、人々がひとたび自分は安全だと思ってしまうと、それとバランスをとるようにリスク認知が下がってしまうということを示唆している。それを防ぐ一つの解は、人々の安全の基準を高くするようにしたほうがよいということになる。「ここまで対策をしたから安全」ではなく、「もっと安全でなければならない」と人々が望まなければ、安全対策をしても効果がない可能性がある。

そのために、筆者が重要だと考える点を二つ挙げておこう。一つは、私たちの側から、「もっと安全にしてほしい」と行政や専門家に要求することである。防潮堤の高さが典型的な例だが、「十分な高さだから大丈夫」と言われたとしても、「それでは十分ではないかもしれないのだからもっと高くしてほしい」と言うこともできる。

たとえば一〇〇年に一度の津波に備えていると言われたとしよう。すると、それでは景観が損なわれるから、そんなに高い防潮堤は必要がないと主張する住民もいるだろう。あるいは、防潮堤だけではなく、避難路や避難場所の整備などに対策費を使ってほしいという住民もいるかもしれない。そういう議論こそがリスク・コミュニケーションである。また、住民がいくら高い防潮堤を望んだとしても、費用の面からそれはまかなえない、という話になるかもしれない。そういう場合には、津波の来襲が予測されるときに行政からどのように情報が提供されるのか、具体的にどう避難するのかなどについてあらかじめ話し合ったり、訓練しておいたりする必要も出てくる。それもまたリスク・コミュニケーションである。

もう一つ重要なのが、過去に起きたリスクにかかわる事故や事件について知ることである。第1章で紹介したように、私たちの社会にはすでにリスクを防ぐさまざまな仕組みがある。そうした仕組みはなんらかの事故や事件をきっかけとしてできたものが多い。たとえばライターのチャイルドロックの仕組みは、子どもがライターを操作して起こる火災が多かったから導入されたのである。工場などの安全装置もそうである。

しかし、どうしてそういう仕組みができたのか、過去の事件や事故を知らないと、安全装置があることを煩雑に感じて、それを解除したりしてしまう。より安全な基準を求めていくためには、なぜそういう仕組みが入っているのか、その引き金となった過去のさまざまな悲惨な出来事について知っておくことも大事なのだ。

第4章 リスクを伝えるII 技術編

1　説得的コミュニケーションの技術

†説得的コミュニケーションとは何か

説得的コミュニケーションとは、説得して相手の考えや行動を変えるためのコミュニケーションである。たとえば、生活習慣病にならないように「塩分を控える」ことが重要であれば、それを実際に実行してもらうために用いられる。社会心理学の分野では、数多くの説得的コミュニケーションの研究成果がある。本節では、そのなかからリスク・コミュニケーションに利用できる代表的な技術を選んで紹介しよう。

説得的コミュニケーションは、広告や広報にも使われている。また、ここで紹介するような技術の名前を知らなくても、私たちが日常生活で実際に使っているものもある。それらは確かに効果的なのだが、この「効果的である」というところには、それだけに注意が必要である。悪意をもった人がそれを利用すれば、人々を一定の方向に誘導することもできるからである。実際、悪徳商法といわれるものの多くは、この技術を使っている。

第2章第5節で、個人のリスクと社会のリスクとを分けたのは、このことに深く関係している。すなわち、個人のリスクを避けるためには、あるいはできるだけ低くするためには、説得的コミュニケーションを積極的に利用するべきだというのが筆者の立場である。

他方、社会的リスクについては、人々がなんらかのかたちで話し合って意思決定をする必要がある。もちろん、説得的コミュニケーションを使って人々の意見を一定方向に誘導することは可能である。たとえば、原子力発電所の建設を住民に受け入れさせるために、説得的コミュニケーションを「効果的に」使うことはできる。あるいは、(日本ではあまり議論になっていないが)遺伝子組換え作物を受容するかどうかについて、国際的には長く議論が続けられてきている。このような社会的リスクに関する問題について説得的コミュニケーション技術を使うことは正当とはされない。こうした問題は、仮に現在の科学の知識でリスクが低いことが合意されているとしても、リスク評価が変わる可能性もある。だからこそ、社会的リスクの問題に説得的コミュニケーション技術を使って人々を誘導してはならないのである。

ここで紹介する技術は、情報を伝える側にとって重要なだけではなく、それを受け取る側にも重要である。情報を伝える側が善意であるとは限らない。ここで紹介する技術を知ることによって、私たちがリスクについて考える際に、自分が誘導されていないかを判断するための手がかりを得られるだろう。

†恐怖喚起コミュニケーション

リスク・コミュニケーションで最も使われるのは、恐怖喚起コミュニケーションである。恐怖喚起コミュニケーションとは、恐怖を引き起こして、考え方や行動の変容を促すものである。たとえば、「毎日運動をしなければ、将来病気になりますよ」というのは、「病気になる」という恐怖を引き起こして、「運動しよう」という気持ちにさせるものである。あるいは、「今から避難しないと浸水しますよ」というのも、「浸水」という恐怖を引き起こして、避難を促すものである。

恐怖喚起コミュニケーションについては、重要な点が二つある。一つは、この手法が見いだされた当時は、あまりに強い恐怖よりも弱い恐怖を引き起こすほうが効果的だとされていたが、その後の研究によって、むしろ強い恐怖を引き起こすほうが効果的であることが判明したことである。このことを第3章第1節で説明したリスク認知と関連づけると、人々は自分のリスクを低く見積もりがちなので、「あなたに本当にリスクがある」ということを伝えるためには、強い恐怖を引き起こすことが有効なのは理解できるだろう。

もう一つは、恐怖を引き起こすだけでは不十分で、それに対してどのように対処すればよいか、その対処行動も合わせて示す必要があるとされていることである。つまり、リスクがあるとわかってもらったうえで、ではどうすればそのリスクを避けたり、減らしたりすることができるかについても伝えなければならないのである。

健康番組や健康食品の広告を見れば、この手法が使われていることはよくわかるだろう。「そういう生活をしていると○○という病気になりますよ」とか、「加齢とともに、骨折しやすくなりますよ」などといって恐怖を引き起こす。そのうえで、「△△という野菜を食べるとよいですよ」とか、「××というサプリメントをとりましょう」という話が続けて出てくる。このような推薦行動を加えることで、リスクを避けることができるという気持ちにさせ、行動を変えることにつなげているのである。

†恐怖喚起が効果的でない場合

ただし、恐怖喚起が効果的でない場合もあることが指摘されている。それは、健康リスク・コミュニケーションの分野で提案されているモデル（拡大二過程モデル）で説明できる（Witte, 1994, 図4-1）。このモデルでは、恐怖の喚起だけではなく、あわせて推奨される対処行動を実行できるかどうかによって、恐怖喚起メッセージが効果を持たないばかりか、逆効果になりうる可能性を示している。このモデルの二過程とは、危険コントロー

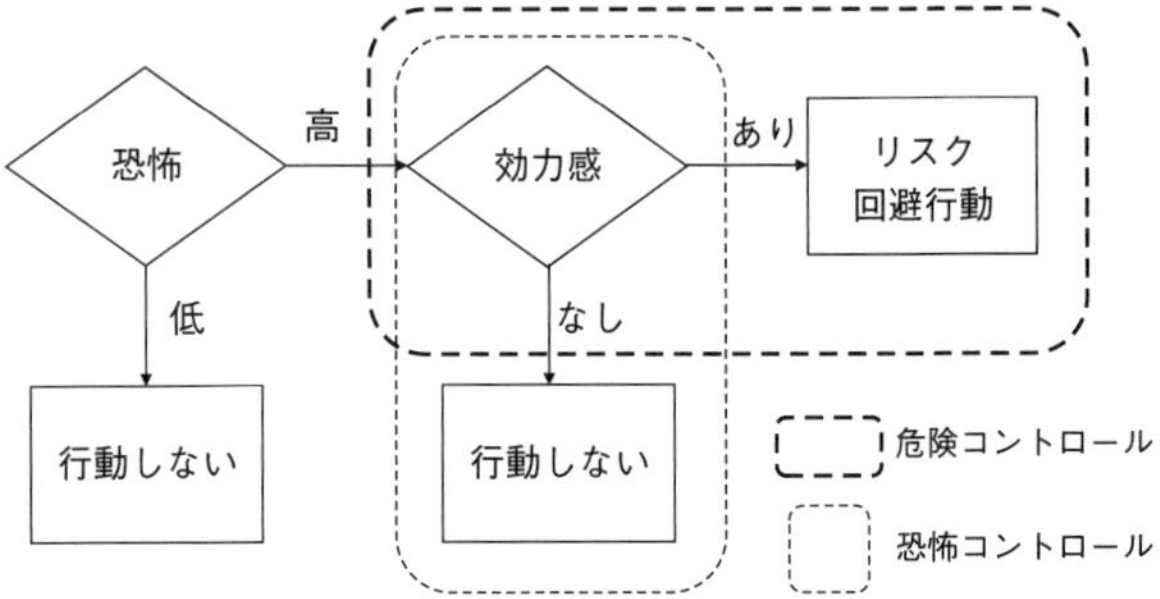

図４－１　拡大２過程モデル

ルと恐怖コントロールのことである。危険コントロールは人々にリスク回避行動をとらせる。一方、恐怖コントロールでは、人々は恐怖を減らすことに一生懸命になるので、場合によっては不適切な行動につながってしまう。

どちらのコントロール過程が生じるかは、そのリスクに対処できるかどうかという人々の効力感による。この効力感にも二種類あり、一つは推奨される対処行動をすれば実際にリスクを減らせるという反応効力感である。もう一つは自分がその行動をとることができるという自己効力感である。

反応効力感があると感じられれば、危険コントロールの過程が生じ、対処行動がとられる。これに対して、自己効力感がないと感じられれば、恐怖コントロールの過程が生じて、恐怖を低減しようという動機づけが働く。結果として、リスクがあることを認めなかったり、リスク認知を低くしたりするようになる。そうなってしまうと、リスク回避行動はとられない。つまり、強い恐怖を喚起したことが、かえって行動しない方向に働く場合があるのである。

このモデルからわかるのは、個人にリスク回避行動をとってもらうためには、強い恐怖をひき起こすだけでは十分ではなく、「実際にリスクを下げる有効な方法があること」（反応効力感についての情報）と「あなた自身にそれをする能力があること」（自己効力感を高める情報）という二つの情報をともに伝えることが重要だということである。効力感に関する情報が欠けると、強く警告したにもかかわらず、むしろリスク認知が下がってしまうような逆効果を生む可能性があるのだ。仮に効果的なリスク対処策であっても（反応効力感あり）、「自分にできる」と思えなければ（自己効力感なし）、実行に移されることはない。

たとえば、COVID－19発生の当初（二〇二〇年三月頃）にマスクが一時的に不足したが、このとき日本政府は、マスクは必ずしも感染予防には有効ではない（感染予防のためにマスクを着用するよりも、「風邪や感染症の疑いがある人」が着用するほうが「効果的」）という啓発活動をしていた（図4－2参照）。つまり、マスクについて反応効力感を下げていたのである。この場合には、恐怖コントロールのメカニズムが働いて、リスク回避行動（この場合はマスク着用）はとられなくなる。

また、仮に一般の人々がマスクは感染予防に効果的だと知っていたとしても（反応効力

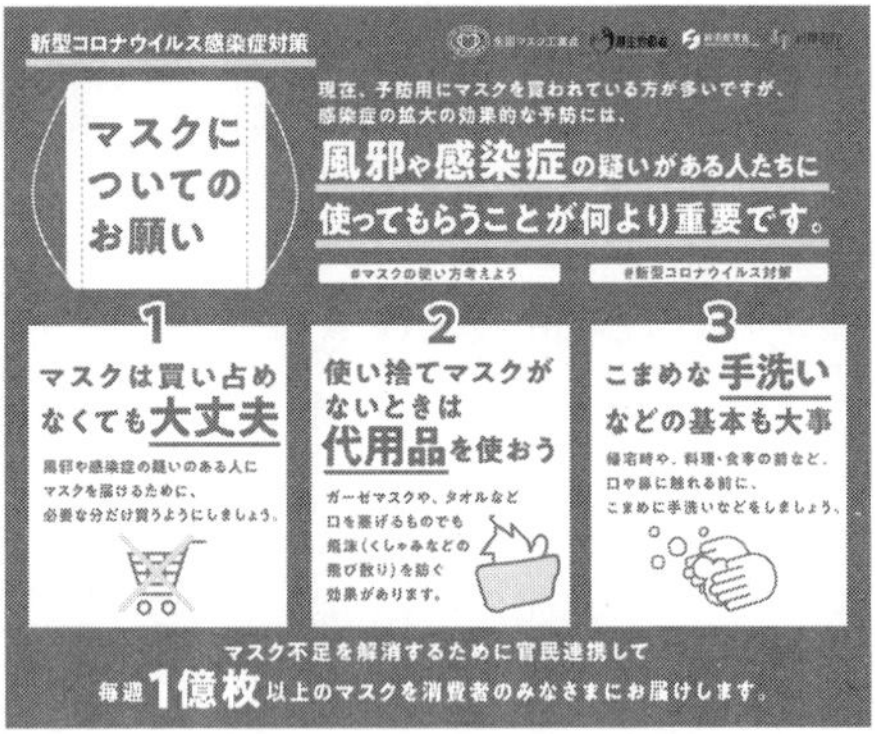

図４－２　2020年の経済産業省のポスター

感あり）、実際に入手できなければ、自己効力感が低くなってしまうので（自分は対策をとることができない）、この場合もリスク回避行動はとられない（マスクを着用しない）。

ＣＯＶＩＤ－19は長期化し、結果的には使い捨てマスクを使い続けることになったわけだが、事態が長期化すれば、経済的理由でマスクを買い続けられない人も出てくる。そういう人もまた、自己効力感が低くなってしまうため、「ＣＯＶＩＤ－19はたいした脅威ではない」とか「変異株のリスクは高くない」というようにリスク認知を下げてしまって、感染対策行動をとらなくなる可能性もある。

同じようなことは自然災害の避難の際にも起こりうる。高齢者に早めの避難を勧める自治体は多いが、高齢者の多くが「避難所まで遠い」とか「歩きにくい」という理由で避難をあきらめることがある。これは、リスクについて伝えたとしても、高齢者に「自己効力感」がないためと解釈できる。この状況を解決するためには、たとえば避難ができるように高齢者宅に巡回して避難所に連れていくバスを用意するなどの、別の方法を考える必要があるだろう。

まとめると、恐怖喚起コミュニケーションは、推薦行動とともに呈示すると有効だが、その行動が対策として人々に有効であると確信させること、また、それを実行できる状況にすることが重要なのである。

†一面呈示と両面呈示

一面呈示とは、ある事物について肯定的または否定的な面のどちらかを伝えるメッセージである。一方、両面呈示は、肯定的な面と否定的な面を両方とも伝えるメッセージである。どんなテーマの話題にも使われる技法だが、本書では肯定的な面をベネフィット、否定的な面をリスクとして、話を進めていくことにする。すなわち、ベネフィットかリスクか、そのどちらかだけを伝えるのが一面呈示であり、リスクもベネフィットも両方伝えるのが両面呈示である。

一面呈示と両面呈示のどちらがより効果的なのかを一般的に述べることはできない。ただし、情報の受け手が次の四つの条件のいずれかにあてはまる場合には、両面呈示が有効であることがわかっている。

(1)情報の受け手がその問題に知識があるとき
(2)情報の受け手の学歴が高い場合
(3)情報の受け手が、これから説得しようとする立場に反対の場合
(4)情報の受け手が、(現在の立場のいかんにかかわらず)将来その問題に関する別の情報に接する可能性があるとき

なお、(2)の学歴については、もともと海外の研究結果に基づいたものなので、日本で言えば高校卒業以上があてはまる。情報の受け手が、これらの条件のどれか一つにでもあてはまっている場合には、リスクとベネフィットの両方を伝える両面呈示が有効であるという。

さて、ここで改めて四つの条件を見直してみよう。(1)から(3)までは個人差があるだろうが、(4)については現在の日本の情報環境を考えると、あてはまる可能性のある人は多いと考えられるのではないだろうか。たとえば、あることについてベネフィット情報だけ受け取っていたとしても、リスクがあることを伝える情報にも接する可能性は高い。書籍やマスメディア、SNS、インターネット、友人や知人など、情報はさまざまなところからやってくる。そのなかにリスクについての情報が含まれる可能性は否定できない。このよう

に考えていくと、(4)にあてはまる人は実は多いと予想できる。すなわち、リスクもベネフィットも伝える両面呈示のほうが、現代の日本ではより効果的だと言えるだろう。

さらに最近の研究によると、両面呈示は、反論（専門的には「反駁《はんばく》」という）とともに呈示すると、さらに効果的であることが明らかになってきた。つまり、ベネフィットを伝えようとするとき、リスクとともに伝えるだけでなく、そのリスクに対する反論（反駁）も伝えると効果的なのである。

たとえば、病気の治療のために薬を飲むことにはベネフィットがある。しかし、副作用が起こる可能性（リスク）も伝えるのが両面呈示である。このとき、「副作用は起こりうるが、そのときは○○という対処法がある（たとえば副作用を止める薬がある、あるいは、副作用で健康被害が起こったとしても補償してくれる制度がある、など）」というように、リスクに関する情報に対する反論（反駁）もあわせて呈示すると、両面呈示をより効果的にすることが可能である。

効果的かどうかということのみならず、一面だけでなく両面の情報を伝えることで、情報の提供者の信頼性や、科学的な正確性への評価が増す。これはリスク・コミュニケーションがめざすところでもある。リスク・コミュニケーションは、その字面から「リスク」を伝えて人々にネガティブな印象を与えてしまうという誤解があり、一部には「ベネフィット・コミュニケーション」を行おうという動きもある。しかし、それはリスク・コミュニケーションを一面呈示として捉えた見方であり、それだけで効果があるとはとても思えない。

†説得の予防接種理論

説得の「接種理論」（McGuire, 1964）は、説得に対する抵抗を説明する理論である。これは医学の予防接種の比喩で説明したものである。たとえば、「肺のレントゲン検査は肺結核を発見するのに役立つ」とか「歯みがきは健康に良い」というような、誰もが正しいと信じて疑わない（「自明の理」という）情報に対して反論されると、人々は容易に説得されやすい。ところが、事前に弱い反論を知らせておくと（「予防接種」）、容易に説得されにくくなる（「免疫」）。その後の研究では、免疫ができるためには、必ずしも反論である必要ではなく、これから反論が来るという予告だけでも、説得されにくくなることがわかっている。

このような抵抗が生じるのは、自分の持っている信念に対して「脅威」が生じることで、それを防御しようとする動機づけが働くためだとされている。反論に対する反論（両面呈示のところで紹介した反駁）を自発的に考えるためである。ここで重要なのは、情報の受け手が「自発的に反論を考える」という点である。そのため、次に説得されるような機会があっても容易には説得されなくなる。

また、いったん自分で考える経験を持つと、他の話題についても説得されにくくなることが知られている（「アンブレラ効果」と言われる）。ここは非常に重要な点で、リスク・コミュニケーションにおいては、専門家はしばしば「専門家や行政からの情報を参照してください」という広報の仕方をする。しかしそれは、人々が反論に触れたときに、容易にその情報に左右されかねない危険な戦略である。ひょっとしたら、行政や専門家は人々が自分で考えるのにまかせると、（専門家からみて）間違った結論にたどりつくと考えているのかもしれないが、人々を信頼しない専門家が、人々から信頼されるはずもない。

†自分で考えることの利点

接種理論は、「自明の理」だけではなく、さまざまな信念に対しても有効であることがわかってきている。すなわち、人々がもっている信念に反論をして、自分で考えてもらうように動機づけると、容易に説得されにくくなるのである。

この技法は、実際にヘルス・コミュニケーションの分野でよく利用されている。たとえば、喫煙が許される年齢になる前に、喫煙の害について教育することはよくあることであろう。しかし、実際に喫煙の害について正しい知識を得たとしても、喫煙のきっかけは同輩からの同調圧力であることが多い。そこで、喫煙の害について教育するときに、「将来、友だちや先輩が、みんなも吸っているから一緒に吸おうと誘ってくるかもしれない」という情報(予告)をつけ加えることによって、喫煙ができる年齢になっても喫煙を始める率が低くなることが明らかになっている。すなわち、将来やってくる反論に対して、「免疫」ができているのである。

接種理論は、ヘルス・コミュニケーション以外にも活用分野が広がっている。たとえば、誤情報(ミスインフォメーション)は近年特に問題になっているが、同じように「将来誤情報に接することがあるかもしれないが」と、人々にあらかじめ警告することによって、誤情報に対してより警戒するようになることが実験によって明らかにされている。ここでも、「将来接するかもしれない(誤)情報は間違っている」と結論を与えるのではなく、人々に自分で考えさせていることに注目したい。一方的に「○○という情報は間違っている」と言って、人々に考えることをさせないパターナリスティックなコミュニケーション手法は、効果的でないのである。

†強制的メッセージは逆効果

説得への抵抗に関する主要な理論は二つしかない。それだけ説得に抵抗することは難しいということを示しているのかもしれないが、その一つが先に紹介した接種理論であり、もう一つがこれから紹介するリアクタンス（reactance）理論である。接種理論は医学のアナロジーを用いた理論だが、「リアクタンス」は、物理学から用語を借りている。「心理的抵抗」と訳されることもあるが、カタカナのままで使われることが多い。

名前は知らなくても、読者の多くはこの理論を生活のなかで体験したことがあるはずだ。たとえば、子どもに「ゲームばかりやっていないで宿題しなさい」と言ったとしよう。すると、多くの子どもは「今やろうと思っていたところだよ」と反論することだろう。この会話で、子どもはリアクタンスを感じているのである。

このようにリアクタンスとは、行動の自由が束縛されていると感じられたとき、それに対して感じる心理的反発をさす。例に挙げた子どもも、ゲームをしながら、内心「宿題をしないといけないな」と思っていたかもしれない。あるいは、ちょうど次のステージへ上がるくらいのところで止めて、宿題を始めようと考えていたかもしれない。そこへ、「宿題をしなさい」と指図をされると、自分の考えていた行動（計画）の自由が奪われたように感じられて、反発してしまうのである。

この理論をリスク・コミュニケーションとの関係で述べると、専門家が非専門家に対して行動を指示するとか、強い言葉で述べるような場面は、リアクタンスを引き起こしやすいと言えよう。一般の人々に対して「科学的なリスク評価では安全なのだから、〇〇というリスクを受け入れなさい」と言う専門家は少なくない。そしてそのリスクが受け入れられているように見えないとき、何度も繰り返して言うこともよくあるが、それも同じようにリアクタンスを生じさせる。

これまでも述べてきたように、専門家が言うことに必ずしも従う必要はないのだから、もし疑問や反論があるならば、対等の立場でそれを述べて議論すればよいだけの話である。ただし、より悪い結果を生むのは、市民が反論を許さない専門家を信頼せず、議論そのものをしなくなってしまうことである。実際、リアクタンス理論の研究結果からは、強い調子の言葉づかいをする話者への信頼性の評価が低いことが明らかになっている。

説得への抵抗の二つの理論からわかることは、人々が自分で考えることの重要性である。リスクについて専門家にまかせるのではなく、自分のリスクについて自分で決めるということがコミュニケーション技術の視点からは重要であるということを、改めて強調しておきたい。また、それはリスク・コミュニケーションの精神でもある。

2 言葉づかいの選び方

†誤解を招く言葉

リスク・コミュニケーションにおいては、どう伝えるかという技術だけではなく、言葉づかいの選択も大事である。語用論と言われている分野であるが、以下ではその研究例を一つ紹介しよう。

ここで紹介するのはイギリス出身の言語学者、ポール・グライス（Grice, 1975）の議論である。グライスはコミュニケーションの参加者どうしは、お互いに協力して会話に参加していると仮定している。これは、日常的にはよくあることだろう。つまり、一から一〇まで言わなくても、相手がある程度意味をくみ取ってくれるから、効率的に会話ができるのである。

たとえば、「このお薬は一日三回服用です」と言われたら、普通の人は一日三回だけ薬を飲むことであろう。論理的には、「一日三回だけ飲んでください」と厳密に言わない限り、「四回ではないですよ」「九九九回でもないですよ」と、無限にありうる回数を受け手は考える可能性があるのだから、それを言い尽くす必要がある。しかし、通常はこの簡単な説明で理解される。

会話で起こる不十分な推論による誤解については第2章第2節で透明性の錯覚として紹介したが、本節で紹介するのは、このような単語の選び方による誤解である。

こうした誤解を生むルールを、グライスは「会話の原理（格率、maxim）」としてまとめた（表4－1）。以下では、それぞれの原理と、それらから生じた推論の例をあげる。

表4－1　グライスの会話の原理

(1)量の原理	必要十分な情報を与えよ
(2)質の原理	偽りや適切な証拠を欠くことを言うな
(3)関係の原理	関連性を持たせよ
(4)様式の原理	不明瞭や多義を避け、簡潔で順序立てよ

(1)の量の原理からは、わざわざ付加されている情報であれば、それが意味を持つはずだという推論が引き起こされる。たとえば、食品のパッケージに「遺伝子組換え大豆不使用」とあれば、「その表示のついていないものには遺伝子組換え大豆が使われているのか」とか、「遺伝子組換え原料にはなにか問題があるのか」と考える人が出てくるだろう。意味のある情報が伝えられているはずなのだから、わざわざ書いてあるからには、そのことが何かしらの意味を持っているはずだ、と解釈されるのである。第2章第5節で言及した「無添加」表示の禁止も、「添加物」があることで商品が劣っているように推論されるのを

嫌ったことも、一つの理由としてあるのかもしれない。

二〇一一年の福島第一原子力発電所の事故後に話題になった「ただちに健康に影響がありません」という当時の官房長官の発言も、この量の原理の違反の例と言うことができる。「ただちに」と限定するからには、「長期的には健康に影響があるのか」という推論を引き起こすからである。

(2)の質の原理の違反の例としては、皮肉が典型である。たとえば、自治体の説明会などで、交渉が決裂した後で、「誠実な対応でした」と住民から言われるような場合を考えよう。紛糾《ふんきゅう》した説明会で、自治体の担当者が自分でもうまくいっていないと思っているのに、住民がわざわざそう言うということは、自分の対応が誠実でないという皮肉を言っているのだと解釈するだろう。

(3)の関係の原理とは、会話には相互に関係があることを前提としている。たとえば、医師が患者に「肝臓の数値が悪いから、絶対禁酒してくださいね」と告げ、それに対して患者が「明日は娘の結婚式なんですよ」と、答えたとしよう。病院での会話なのだから、結婚式は話す必要のない話題である。しかし、会話には相互に関連があるという原則に従えば、この答えを聞いた医師は、「それはおめでとうございます」と言いつつも、内心「この人は明日の結婚式でお酒を飲むつもりなのだな」とか、「ただちに禁酒するつもりはない（ひょっとすると明日の結婚式以降も飲むかもしれない）」と考えることだろう。

⑷の様式の原理とは、簡潔に言えることとは、できる限り明瞭に伝えるべきというルールである。必要なことをわざと回りくどく表現すると、なにか意図があるように解釈される。たとえば、行政になんらかのリスク対策を住民が要請したとして、「その問題については、あらゆる方向から検討を加え、可能な方策を模索していきます」と回答するような場合を考えてみよう。この回答を聞いた住民は、おそらく「対策をする気がない」と解釈するであろう。リスク対策を「する」、もしくは「するつもりがある」のであれば、簡潔にそう回答すればよいのに、それをわざわざ回りくどく言っているのだから、対策する気がないのだと理解されることになる。

これまでの四つの原理のうち、リスク・コミュニケーションに関連して特に注意すべきだと筆者が考えるのは、「量の原理」である。たとえばリスクの見通しについて述べようとするときを考えてみよう。科学的に正確に言おうとすると、「現状の科学的評価の限りでは」とか、「もし○○という条件が変わらなければ」というように、限定条件をつけがちになる。しかし、まさにそういうときにこそ思いもよらぬ推論（誤解）が起こりうることが、量の原理から推測できる。したがって、このように限定条件をつけたり、特殊な説明をつけ加えたりする場合には、なぜそうするのかを理由とともに示すように気をつける必要があるだろう。先に挙げた「ただちに健康に影響がない」の例であれば、「なぜ「ただちに」と言うのか」についての説明をつけるべきであっただろう。

†混乱を招く言葉

表現が曖昧なために混乱を招くこともある。たとえば、COVID－19流行時に政府は「三密」（密集、密接、密閉）の回避を感染対策として盛んに推奨した。このうち「密閉」はまだ理解できるだろうが、「密集」と「密接」の違いは曖昧なままである。政府のウェブサイトの説明をみる限り「密接」は会話を、「密集」は対人距離を問題にしているように読める。しかし、その政府のポスター（図4－3、二〇二一年度の内閣府のポスターから該当部分を切り出したもの）において、「密接」のイラストは会話ではなく対人距離を問題にしているようにしか見えない。『大辞泉』によれば、「密接」（隙間のないほどくっついていること）と「密集」（隙間のないほどぎっしりと集まること）はほぼ同義であり、そもそも「密接」には会話するという意味は含

図4－3　内閣府のポスター2021年度版

まれていない。

このように、単なる語呂合わせのために大事なことを曖昧に伝えるのは、リスク・コミュニケーションとして望ましくない。感染対策として、「会話」「物理的距離」「換気」が重要であるならば、その言葉通りに伝えるべきである。これは、曖昧な表現を使うことによって、重要なことが伝わらなくなってしまった典型的な例であろう。

過去にも、曖昧な表現が問題を引き起こした例がある。それは一九九九年二月一日のテレビ朝日の報道である。そのなかで所沢産の「葉っぱもの」に基準を超えるダイオキシンが含まれていると報道され、報道後すぐに日本中のスーパーや食料品店の店頭から所沢産の野菜（主にほうれん草）が引き上げられたり、価格が暴落したりした。

この報道に対する行政の反応はきわめて遅く、事態が収拾するまでにはかなりの時間を要した。最終的に報道された「葉っぱもの」とは、ほうれん草ではなく「茶の葉」であったことが判明したが、所沢産の野菜は販売不振に陥った。もし最初から「茶の葉」と明示すれば、他の野菜の販売に影響することは少なかっただろう。また、報道当時ＪＡ所沢市は一九九七年に独自で調査した野菜のダイオキシン濃度のデータを持っていたにもかかわらず、騒ぎが拡大することを恐れて、ただちにそのデータを公表しなかった。このことも、疑念を拡大させる原因の一つとなった。

†ほのめかし

リスクがあることを明示するのではなく、ほのめかすことによって示すことがある。ほのめかしとは、事実を明示しないで、状況や既存の知識から推測させるものだが、それにはさまざまなタイプがある。たとえばアメリカの研究だが、「大統領はアルコール中毒なのか?」という疑問文(もちろん事実ではない)を呈示すると、大統領がアルコール中毒であると信じる人が増えた。このように疑問文でほのめかすこともある。

ほのめかしは意図的に行われることもあるが、非意図的に行われることもある。まず、意図的な場合の例を挙げよう。次に述べるラベリングにも関係するが、具体的な名前や場所を挙げると、その正しさについて責任を負わなければならなくなる場合もある。そこで、情報の受け手には意味がわかるように、しかし、はっきりとは言わずにほのめかすことがある。たとえば、COVID-19流行時には、集団感染が発生しやすい場所として「夜の街」が挙げられ、そこへの外出を避けるようにとのメッセージが地方自治体の首長などから出されたが、こうした表現もほのめかしの一例だと考えることができる。

非意図的にほのめかしになってしまった例としては、一九七九年のスリーマイル島原子力発電所の事故がある。この際、原子力発電所の広報担当者は「チャイナシンドロームの状況にはない」（「チャイナシンドローム」は、同年に発表された原発事故の映画）と発言したのだが、このことによって人々は「チャイナシンドロームの可能性に言及するほどのひどい状況である」と受け取った。最初に説明したグライスの原理にも関係するが、事実を否定する場合にも、「わざわざそのことに言及するからには、意味があるに違いない」という推論が働くのである。

同じようなことは、危機的な状況ではよくあって、政府はしばしば「冷静な対応をお願いします」と言うが、これは「冷静な対応をしていない人がいる」ことをほのめかしているといえる。そう言われて人々が冷静な対応（実は具体的にはそれがどうすることをさしているか不明なのだが）をとるかというと、他者への不信がつのるか、あるいは第3章第2節で取り上げたように、買いだめなどに走ることのほうがありそうである。集合行動が予期せぬ方向に進んでしまうのは、このような不用意なほのめかしが影響している場合が多い。

†人や場所へのラベリング

病気を持っている人や、迷惑施設が集中している場所にラベリング（レッテル貼り）が行われることがある。これを「スティグマ（負の烙印）がつく」という。

たとえば、ハンセン病やＨＩＶなど、感染症はしばしばスティグマの対象となってきた。あるいは水俣病のように、病名に地名がつくことによって、その地域の人々が偏見を受けることもある。そのため、近年は病名に地名をつけないような配慮が行われている。

一九一八年から流行したインフルエンザには、「スペイン風邪」という地名がついていた。しかし、二〇〇九年の新型インフルエンザの際は、当初こそ発生場所の地名や「豚」インフルエンザと呼ばれていたものの、インフルエンザＡ（Ｈ１Ｎ１）という名称にただちに変更された。また、ＣＯＶＩＤ－19の場合も地名は用いられず、変異株が発見された場合にも、発見された地名ではなく、ギリシャ文字で呼ばれた。

迷惑施設が集中している場所に「原発銀座」や「産廃銀座」という名称がつくこともある。先に紹介した所沢市の場合も、そういう名称がついていた場所の一つであった。日本の原子力発電所の立地に典型的に表れているように、人口が少なかったり産業が乏しかったりして経済的に豊かでない地域に迷惑施設は集中しがちである。結果としてその地名にスティグマがつく。これは特定の地域にリスクを負わせる結果として起こる環境正義（または環境公正）と呼ばれる問題と関連している。

†風評被害という責任転嫁

現代の日本では、スティグマ化の代わりに、「風評被害」という用語がしばしば使われる。この言葉は、もともとアメリカで原子力発電所や放射性廃棄物施設が立地する場所の地価が下がることを nuclear blight（原子力損害）と呼んでいたことに由来すると考えられている。

風評被害の新聞記事での初出は、一九八一年九月一〇日の『日本経済新聞』の記事である（佐々木、二〇〇一）、この記事は、北海道が泊原発の安全性協定案を提示した際に、農産物の補償協定を盛り込んだことを報道したものである。この後「風評被害」という言葉は記事に散見されはしたものの、急激に増えたのは、一九九七年に島根県沖で折損した原油タンカーのナホトカ号の原油流出事故以降である。このときは、原油が漂着した福井県沖で獲れた魚が販売不振になったことを報じる際に用いられた。ここから先は筆者の推測だが、福井県が原発立地県であったために、すでに使われていた「風評被害」の語がここで用いられたのではないかと思われる。これ以後、「風評被害」という言葉は多用されるようになる。

注意したいのは、「スティグマ化」が「風評被害」と置き換えられると、リスクを生み出しているのは誰か、という問題が曖昧になってしまうことである。

つまり、スティグマ化では、特定の人や場所にレッテル貼りをすることが問題となっている。それが起こるのは、特定の地域にリスクが集中していたり、私たちの、たとえば病気に対する知識不足や偏見が原因である。それを解決するためには、特定の地域に迷惑施設が集中する問題を社会で考えたり、私たち自身に内在する偏見の問題を考えたりすることが求められる。また、責任ある公的機関や専門家が、ほのめかしやそれ以外の不用意な発言によって、スティグマ化を引き起こす責任についても考えなければならない。

しかし、これを「風評被害」としてしまうと、「風評」とはうわさのことであるから、うわさをしている市民が悪いということになってしまう。つまり、責任を市民に転嫁して、本当の責任の所在がどこにあるのかを曖昧にすることにつながる。このようにリスク問題の原因や責任の所在を曖昧にする用語は、安易に使うべきではないのだ。

新たな言葉ができると、人々の考え方が変わることはすでに指摘してきたが、ナホトカ号事故の前年の一九九六年に起きた大阪府堺市の集団食中毒事件の際には、「カイワレ大根」が疫学調査によって原因食材とされたために、販売不振に陥った。また、患者家族の忌避などの問題も起こったが、このときは、特に人々のうわさが問題とはされていない。むしろ、疫学調査で原因食材とされたものが本当にそうなのか（疫学調査の正しさ）ということが議論の中心になっている。しかし、もしこのとき「風評被害」という言葉があれば、販売不振は市民のせいにされていたかもしれない。

3　リスクを伝えるときの注意点

†悪い情報は伝わりにくい

リスクに限らず、悪い情報は伝えられにくいという現象が知られている。これを「MUM（マム）効果」という（「being mum」で黙っているという意味）。リスクに関する情報の多くは、基本的には悪い情報である。したがって、リスクに関する情報は伝えられにくいということは知っておいたほうがよいだろう。

MUM効果を引き起こす要因はさまざまである。基本的には、伝え手の側からは、相手から負の評価を受けることで自分が嫌な気持ちになりたくないということがある。他方、受け手が負の感情に陥るだろうと推測して、それを避けることもある（Tesser and Rosen, 1975）。また、丁寧さ（ポライトネス）の観点から、相手に対して失礼だと感じやすいという文化では、悪い情報は伝えられにくいという結果もある。

組織の観点から言うと、MUM効果は、もし組織内で事故につながるような問題があったとしても、それが組織上層部に伝わらず、リスクの発見が遅れる可能性を含む。たとえば、昇進意欲の高い人ほど、低い人に比べて上司に悪い情報を伝えにくいことが、実験的に明らかになっている。これは、上司に悪く思われたくないという動機が働くためであろう。

また、組織の規範（ルール）も影響することもわかっている。すなわち、悪い情報を伝えることが組織のなかで許容され、それを従業員どうしで共有することが期待されているような組織では、悪い情報でも伝わりやすい。他方、率直な発言があまり好まれないような組織では、悪い情報は伝わりにくい。日本語でいうところの「風通しのよい組織」では、悪い情報もきちんと伝わる、と言い換えることができるだろうか。同じように組織風土で比較した研究では、自律的な組織（大学）と他律的な組織（警察）では、後者の組織において、メンバーは悪い情報をより伝えにくいことが明らかになっている。

これらの結果は、常識的と言えば常識的なのだが、たとえ悪い情報でも上司に伝えることができる組織であれば、あるいは、そういう部下であれば、より安全な組織を構築できるのである。自分が所属する組織がそういう組織であるか、コミュニケーションの視点から見直してみるのもよいだろう。

†悪い情報は曖昧に伝えられる

悪い情報は、それが伝えられないだけではなく、曖昧に伝えられる場合もある。というよりも、こちらのほうが多いかもしれない。これを、多義的なコミュニケーション（equivocal communication）という。受け取る人によって、多様な解釈が可能な、曖昧な表現のコミュニケーションのことである。

たとえば、医師が患者に対して、生活習慣病になる可能性が高いと伝えたい場合を想定してみよう。しかし、「あなたは生活習慣病になりますよ」とストレートに言うと患者がショックを受けるかもしれないと考えて、「このまま生活習慣を改めないと」というような前提条件をつける場合を考えてみよう。こうすると、端的に「生活習慣病になりますよ」と言うよりも表現が曖昧になるので、患者は深刻度を弱めて受け取る可能性がある。改めるべき「生活習慣」にもいろいろなものがあるので、たとえば、「改めろと言われているのは、さっきお医者さんと話した揚げものが好きで毎日のように食べていることだろうか？　ならば、二日に一度くらいにしておこうか」というような解釈をしてしまうかもしれない。すなわち、まだ自分は大丈夫だと思い、生活習慣をそれほど改めない可能性がある。しかし、医師が本当に言いたかったことは、血液検査の数値がきわめて悪いので、今日にでも食生活を変えたほうがいいということかもしれない。

曖昧に伝えることが、大きな災害を引き起こしたことがある。一九九一年五月二四日に長崎県の普賢岳で発生した火砕流について、二五日夕方に雲仙岳測候所が出した臨時火山情報において、二四日の崩落現象は「小規模な火砕流」だったと表現したことである。内閣府のウェブサイト「防災情報のページ」でも教訓として取り上げられているが、それによれば、二五日の会議の時点で専門家どうしでは火砕流であるという認識で一致していたものの、パニックを恐れて「小規模な」という語を公表時につけ加えることになったという。群馬大学の早川由紀夫助教授（当時）によれば、このことによって「住民やマスコミは火砕流は怖くないんだというふうに受け止めた」という。結果として、同年六月三日の火砕流で死者・行方不明者四四名を出す大災害となった。

†曖昧さが招いたパニック

曖昧に伝えたことが、逆にパニックを引き起こしたこともある。一九七八年の伊豆大島近海地震後における余震情報騒ぎである。これを分析した木下（一九八六）は、次のように当時の状況を説明している。

この余震情報は、地震後に静岡県災害対策本部長から、「余震情報についての連絡」として、「今後マグニチュード6クラスの余震が起こりうる」ことが県民に伝えられた。しかし、この連絡が発信された後、「数時間以内に大地震が起こる」という流言（うわさ）が飛び交い、ところによってはパニックに近い状況になったという。この原因について、その「連絡」のなかに、余震がいつ起こるかが書かれていなかったためであると木下は指摘している。地震予知連絡会から消防庁を通じてもたらされたもともとの情報には、「あと半月ほどの間に」という時間についての文言が入っていたが、県民に伝えられる際にこの部分が脱落したのである。この点について木下は、防災対策本部のメンバーが議論するなかで、もし時間を予告して当たらなければどうなるかとか、その責任をどうとるのかといった議論が優勢を占めたことが原因であったと分析している。

住民にとっては、いつ余震が起こるのかは重要な情報である。しかし、その点が曖昧になったことで、その曖昧さを補うかたちで、「数時間以内に」という情報が流言のなかでつけ加わったわけである。さらに、当時「マグニチュード」の意味が十分に理解されておらず、マグニチュードを震度と取り違えて、当時最大の震度等級であった「震度6」の地震（すなわち、「大地震」）が起こると解釈した住民も多かったと指摘されている。

†誤解を避けるために

この節では、特に悪い情報が伝えられにくいことを中心に解説してきた。リスク・コミュニケーションでは、たとえ悪い情報であっても、隠し立てをせず、伝えることが求められている。そのために第2章で紹介したような制度や仕組みが整えられてきたが、それをどのように伝えるかは、専門家や行政など、主にリスクについての情報をより多く持っている人々にかかっている。それらの人々が会議で、見解に関する文書や公表文書を作成する際に、あるいは医師と患者の例で挙げたように個人が考えて話す場合でも、誤解を生む可能性があることは常に考慮に入れておくべきだろう。

特に注意したいのは、リスクについて伝えるにしても、曖昧な表現が使われることによってリスクの重大性が伝わらなくなる場合があることである。しばしば、行政から「それは住民の誤解である」というような言い訳がされることがあるが、誤解する住民が悪いのではなくて、まずは自分たちが曖昧な表現を使っていないかを、情報を発出する側が自問すべきであろう。

また、情報を受け取る側も、特に多義的なコミュニケーションには注意したい。本当にリスクがあるとき、意図的であれ非意図的であれ、その程度を弱めるような表現が使われる可能性があるという知識を持っておけば、情報を読み解くときに注意することができる。

特に、意図的に使われる場合には注意しておきたい。COVID‐19の場合にも起きたことだが、情報が不十分なときに、「インフルエンザと同程度」とか「新たな変異株の死亡率は高くない」といった発言をする専門家や政治家がいた。そういう発言に対しては、なぜインフルエンザと同じ程度といえるのか、死亡率の比較などのきちんとしたデータがあるのかといったことをきちんと問うのも市民の役割といえるし、それを明らかにしていくのがリスク・コミュニケーションだと言える。

4 情報を賢く理解する

†まずは疑ってかかる

本章で紹介したように、リスク・コミュニケーションに応用可能なコミュニケーション技術は数多くある。それらは主に説得的コミュニケーション研究をもとにしているが、その技術が善意に基づいて使われるとは限らない。個人的選択の事態については、個人がリスクを避けられるように、積極的に技術を活かすべきだろうが、社会的論争の事態で、人々を誘導するためにこれらの技術を使ってはならないことはすでに述べた通りである。また、第2章で紹介したように、リスク・コミュニケーションを「排除の言説」と形容する人々がいるということは、これらの技術が現実には適正に使われていないことを意味している。

人々を誘導する意図を持って、リスク・コミュニケーションではないものをリスク・コミュニケーションとして使う人々がいる以上、非専門家である私たちは、慎重に情報を吟味するしかない。そのためには、情報を、少なくともいったんは「疑ってかかる」という姿勢は重要だろう。反対の情報はないか、別の証拠はないか、さまざまな視点から考えることは、個人にとっては大変であるのも事実である。それだけに、一見わかりやすそうな解説や堂々と述べられる結論に飛びついてしまいそうになるが、そういう自分に一度ブレーキをかける態度を身につけたいものである。

†多様な情報源にあたる

とはいえ、一人で多様な視点や考え方を探すことには限界もあるので、それに代わる方法として、多様な情報に当たることも提案したい。その情報源には、マスメディア、SNSやインターネット、専門家、公的機関、あるいは身近な家族や知人など、さまざまなものがある。

まずは、専門家や公的機関の情報を信頼することも大事だが、専門家の意見が必ずしも正しいとは限らない。特に、一人、ないしは限られた数の専門家の意見だけを参照するのは危険である。自分がそうなっているかもしれないと思ったときには、次のように自問するようにしたい。「その人を個人的に信頼しているから、その人の意見を信頼しているのか」（たとえば、長期にかかっている医師など）、あるいは「話がわかりやすいから」「明瞭に述べてくれるから」など、どういう理由でその専門家の意見を参照しているだろうか。

これは第5章で詳しく述べることになるが、その専門家に本当に正しいことを述べる能力があるかどうかは、その時点ですぐに知ることは難しい。医師の例で言えば、信頼している医師といえども、あらゆることについて正しい判断ができるかどうかわからないからこそ、セカンド・オピニオンという仕組みがある。また、リスクは不確実性を含むにもかかわらず、その専門家が「わかりやすい話」や「明瞭な断定」をしているのなら、むしろその背後にある理由こそ、深く考えてみたい。こうして疑ってみる姿勢こそが、真に科学的な態度と言えるのではないだろうか。

また、どの分野においても限られた数の専門家しかいない領域があって、少数の専門家の意見に頼らざるを得ないことも現実にはある。しかし、事件や事故の歴史を振り返れば、まさにそういうときにこそ、間違いが起こっている（第5章参照）。

さらに言えば、その人が専門家かどうかですら、普通の人には識別が難しいだろう。肩書だけで判断するようなこともあるかもしれない。また、リスクにかかわる分野は（俗に日本で「理系」と呼ばれる）自然科学だけではなく、人文科学や社会科学もある。そうした分野の専門家を除外していないだろうか。

近年いわゆる「陰謀論」と呼ばれているものを信じている人も、自らその考えを生み出しているわけではなく、多くの場合、何かしらの専門家か権威ある人の言説を信じることから始めているはずである。だからこそ、本節末尾にある表４‐２のチェックリストに挙げたように、周囲の人との議論、特に意見の違う人との議論が重要であることを強調しておきたい。

つまり、専門家集団からから見解が出されたとしてもそれが正しいという保証はないのである。すでに紹介したように、イギリスのＢＳＥの事例では、専門家の判断の間違いに引きずられて、一〇年もの対策の遅れを引き起こした。もし専門家の意見が異なるならば、そういうときにこそ、その異なる意見を比較して考えてみる意味がある。比較検討しながら、参照すべき情報のポイントはどこにあるのか考えてみるとよい。

ＳＮＳは、今やマスメディアよりも私たちにとって身近な情報源となっているかもしれない。ただし、ＳＮＳは自分の興味関心にしたがって情報収集する側面が強いので、自分が普段参照しているＳＮＳ内だけでは、情報の多様性が狭まりがちである。ＳＮＳだけに頼るのではなく、他のメディアも含めた広範な情報収集を心がけたい。

次に、公的機関の情報は本来信頼できるものであるべきだが、残念ながら、必ずしも多くの自治体で情報の更新が適時に行われているわけではなく、更新が遅い場合もある。また、政府のウェブサイトによくあることだが、更新されても、どこが更新されたのかがわかりにくかったり、情報そのものが消えてしまったりすることが少なくない。特に更新の履歴は重要で、これが掲載されていないと、情報を受け取る側は、自分の知識がどの時点の情報を見て得られたものかを確認することができなくなってしまう。

最後に、家族や知人、あるいは地域の人と情報を交換するのも大事である。人それぞれに当たっている情報源が異なる可能性が高いから、その違いも含めて議論しながら判断をすることもまた、リスク・コミュニケーションである。

また、ここまで「専門家」と曖昧に書いたけれども、一見当該の分野には関係ないように見えても、地域にさまざまな知恵や知識を持つ「専門家」はいるものである。たとえば、関連のある分野の企業に勤めていて専門的な話ができる人がいるかもしれないし、過去にその地域の災害を経験していてそれについて語ることができる人もいるかもしれない。さまざまな人と情報交換することで、リスクについて、自分なりの判断を作っていくことができるだろう。

†自問のためのチェックリスト

第2章から第4章まで、リスク・コミュニケーションについて、その基本的な考え方や、リスク認知、コミュニケーションの技術を紹介してきた。では、私たちはこれらの知識を使って、どうやってリスク・コミュニケーションに参加することができるだろうか。先に挙げたことも含めて、筆者が重要だと考えるポイントを一〇個にまとめてみた（表4-2）。他にもありうるだろうし、リスクの種類によってはもっと大事なポイントもあるだろうが、リスクについて考える際の簡単なチェックリストとしていただければ幸いである。さらに、自分なりのチェックリストを加えていただければ、より良いものになることだろう。

表4－2　自問のためのチェックリスト

1	リスクについての情報を、自分で積極的に収集していますか？
2	それは、多様な情報源に当たって集めた情報ですか？
3	自分のもっている情報はいつ得た情報か確認しましたか？　古い情報ではありませんか？
4	集めた情報をもとに、いったん自分で考えてみましたか？
5	自分のリスク認知が甘くなっている可能性を考えましたか？
6	周囲の人と、その問題について話し合ってみましたか？
7	まわりの人と、意見が違うとしても、自分の考えを述べましたか？
8	疑問に思ったことや納得できないことについて、問い合わせてみましたか？
9	自分はどうするかについて、自分で納得して決めましたか？
10	社会的論争のリスクについて、説得的手法が使われていないかチェックしましたか？

第5章

リスクを管理する

1　企業の印象管理

†企業のリスク・コミュニケーション

これまで、リスク・コミュニケーションの基本的な考え方やそこで活用できる、さまざまな技術について紹介してきた。この章では、リスク・コミュニケーションを使ったリスク管理の問題について扱うことにしよう。その際、印象管理など特に企業活動におけるリスク管理のトピックを多く扱う。

ただ、ここで注意しておくべきことがある。それは、企業活動におけるリスク管理においては、必ずしもリスク・コミュニケーションが行われているわけではなく、クライシス・コミュニケーションの手法もしばしば用いられているということだ。広報やコンサルタント業界がクライシス・コミュニケーションに参入したきっかけは企業の危機管理（事件や事故）であったことは、第2章で紹介したが、彼らが紹介しているのがリスク・コミュニケーションでない可能性があるのである。

だが、たとえば自分たちに都合が悪い情報を隠蔽することで問題の解決を図ろうとしたものの、そうした情報操作を行っていたことが明るみに出て、かえって致命的な事態を招いてしまうようなケースも後を絶たない。結局は、企業のリスク管理もリスク・コミュニケーションを基本とせざるを得ないのである。

そこで本章では、企業の危機管理などで行われる、クライシス・コミュニケーションに近い手法なども紹介しつつ、リスクをうまく管理し、事態をより良い方向へ向かわせていくために、どのようなコミュニケーションのあり方が望ましいのかを考えていきたい。

†タイレノール事件再考

第2章で、リスク・コミュニケーションとクライシス・コミュニケーションを明確に分けるきっかけとなった事件としてタイレノール事件を紹介した。その事件処理の手際のよさは、危機管理の教科書ではお手本として必ず紹介されるほどである。その後の急速な業績回復を見れば成功例とは言えるのだが、実はこの際、J&J社はクライシス・コミュニケーションの技法も用いている。

彼らは事件の約一か月後に新しい包装で製品の販売を再開しているが、そのときにはJ&Jという社名を出さず、「makers of Tylenol」(タイレノールの製造社)として販売再開の広告を出している。おそらくは、事件と社名とが結びつけられて記憶されることを恐れたものと推測される。これについては、先にも紹介したJ&J社の最初の危機対応の三つの方針（(1)メディアにオープンであること、(2)製品を回収すること、(3)アメリカ的フェアプレイ精神をアピールして消費者の信頼を求めること）のうち、「メディアにオープン」という方針がこの広告では貫かれているのか、疑問に思われるところである。とはいえ、巧みに計画された広報であったことは確かであろう。

タイレノール事件はお手本のように紹介される事例ではあるが、一回成功したからといって、次も成功するとは限らない。数年後に、複数の子どもがタイレノールの過剰摂取で死亡したこと、さらに服用により肝臓障害を引き起こすことが明らかになったが、同社はこの際には適切に反応しなかった（Mitroff, 2001）。つまり、J&J社は危機管理の模範であり続けることはできなかったのである。

この対応の違いはどこから生じたのであろうか。もちろん、最初の成功で慢心したという解釈もできるだろうが、最初の事件のときには同社は被害者であったが、後者の場合には同社に責任があったという違いが大きかったのではないかと思われる。

企業にとって、クライシス・コミュニケーションの目標は情報をコントロールし、事態を速やかに収拾することにある。そして、損なわれた企業イメージを回復させなければならない。したがって、タイレノール事件以降、ことに企業が行っている「リスク・コミュニケーション」には、本来であれば「クライシス・コミュニケーション」と言うべきものが多い。すなわち、製品事故の際には、消費者に対して広報する必要があるし、責任者(たいていの場合は社長である)が謝罪会見を行うこともある。記者会見などの訓練の需要があるのはそのためであり、ときにそれこそがリスク・コミュニケーションだと思われてきた。

日本でも、記者会見などでの社長の失言がしばしば問題になるが、歴史的に有名な例は二〇一〇年のイギリスのBP社によるメキシコ湾原油流出事故の際のCEOの一連の発言である。彼は、「メキシコ湾は広い。事故による環境影響はわずかだ」などの楽観的な発言を繰り返し(その後謝罪することになるのだが)、最終的には辞任せざるを得なくなっている。

企業としてのクライシス・コミュニケーションというと、いかに消費者の印象を回復するかというコミュニケーション技術に着目されがちだが、その広報そのものが危機を招くこともある。たとえば、近年SNS上において企業の発言が「炎上」して、謝罪をせざるを得なくなる事態がしばしば発生するが、その原因を考えていくと、その企業の「多様性」を尊重する態度や「社会的弱者」に対する配慮が足りないために起こっていると思われるものが多い。つまり、広報技術の問題ではなくて、それは「特定の属性や人々を揶揄したり差別したりしているものではないか」という倫理性への配慮とか、「第三者を不快にさせるような表現（絵やデザインの選択も含めて）になっていないか」という検討が不十分なのではないかと疑わせる。つまり、企業自らが印象を損ねるという危機を招いているのである。

社会は多様な人々で構成されており、その価値観も多様である。そうした点に配慮せずに広報を行うことは、もはや社会的に正当とされない。その意味では、「危機対応」（事後対応）のみにフォーカスしているクライシス・コミュニケーションはもはや時代遅れになりつつある。

†情報への感度

さて、もう一度タイレノール事件について考えてみよう。そこでは問題を把握した後の広報対応が模範とされてきたわけだが、筆者としては、むしろ問題の覚知の早さに着目したい。問題を最初に知ったのは地方新聞社である。その新聞社からの電話は、社名の綴りとタイレノールのシェアの問い合わせであるから、J&J社はこの電話の内容自体から事件が起こっていることを知ることはできなかったはずである。しかし、その報告を受けた幹部の一人がこれは問題があると察知して、危機管理チームを立ち上げたのである。

ここから学ぶべき教訓は、「情報に対する感度のよさ」ということになるだろうか。これについては、第4節で再度議論することになるが、一見関係がないように見えるところに重大な情報が隠れていることは間々ある。J&J社の場合は、適切な場所に非常に感度のよい人がいた（たまたまかどうかはわからない）からこそ、迅速な対応ができたのである。

前述した企業のSNSでの炎上にも少なからず関係があると筆者は考えているが、情報のなかにはさまざまな意味がある。その意味を見いだすためには、一見無関係で意味がないようにみえる情報を結びつけて解釈できるように、日ごろから考えていることが欠かせない。たとえば、「LGBTの問題は、私の仕事に関係がない」と、情報を遮断しているようでは、感度よく情報を拾うことはできないだろう。

2 印象管理の技術

†苦境における印象管理

印象管理とは、自分の印象をよくするために行われるものであり、さまざまな手法がある。みなさん自身も日常的にやっていることであろう。たとえば誰かに取り入ったり、あるいは学歴を誇ったりするのも、他者に好かれたいとか、自分をよく見せたいという目的のために行う印象管理である。あるいは、「○○さん（たいがい有名になった人物である）は、実は私の親戚だよ」というように、有名人との関係を強調するのも（専門的には「栄光浴」といっている）、印象管理である。別に本人が功績を挙げているわけではないのだが、関係を強調することによって、その人が受けているよい印象の、いわばお裾分けをしてもらっているのである。ノーベル賞を取った研究者に首相が電話をかけたりするのもこの類である。見かけ上はお祝いの電話であるが、真の目的は自分の印象をよくすることにある。

これ以外にも印象管理は数多くのものがあるが、本節ではシュレンカー（Schlenker, 1980）の分類を取り上げる。彼は、特に「苦境に陥ったときの印象管理」について、手際よくまとめている。少し古いものではあるが、企業の印象管理を考えるうえでは、この分類がわかりやすいと考えるので、以下で紹介する。

シュレンカーは、苦境における印象管理として、修正行動、弁明、謝罪を挙げている。修正行動とは、日本語でいえば「嵐が過ぎるのを待つ」というようなものであろうか。先ほど栄光浴の例をあげたが、これとは逆に、「私には関係がありません」とか、「(問題を起こした)その人を知りません」と言ったりすることである。あるいは、本当に身を隠したりする(雲隠れする)こともある。ただし、企業の場合は、この手法はとれないと思うので、これ以上は紹介しない。

「弁明」とは、その苦境(ここで言えば危機)に至った理由を説明することである。これにはさまざまなものがあるので、ここではすべて紹介しないが、たとえば、無罪の証明(私はその問題を起こしていない)とか、合理化(責任があることはある程度認めるものの、起こった出来事はそれほどひどいものではないと主張する)、などがある。さらに、合理化にも「他との比較(他に比べれば悪くない)」など、さらにさまざまな種類がある。

†謝罪の五条件

本書で特に取りあげるのは、「謝罪」と「言い訳」である。「言い訳」は前述の「弁明」

の一種で、謝罪と言い訳は日常生活ではあまり使い分けられていないかもしれないが、責任（非難に値する振る舞いがあったかどうか）を認めるか否かによって区別される。すなわち、謝罪は責任を認めるものであり、言い訳は責任を認めず、それを回避するための理由づけ（心理学的には「原因帰属」という）をするものである。企業の危機管理では、「責任を認めるのかどうか」が問題になることが多いから、ここではこの二つを比較しながら議論していくことにする。

シュレンカーによれば、謝罪には次の五つの要素が必要だとされる。すなわち、(1)罪悪感、悔恨の表出、(2)何が適切であったかを認識しているという表明、(3)誤った行動を生じさせた自分（企業や組織）の一部に対する非難、(4)将来に望ましい行動をすることの保証、(5)補償の申し出、である。

これらを日常の言葉や行動で置き換えるならば、たとえば、次のような表現がそれに該当するであろう。(1)は、「問題を起こしたことを後悔しています」、(2)は、「製品に問題があると判明した時点でただちに回収すべきでした」、(3)は、「品質管理の過程に問題があったと考えられます」などが考えられる。そして、(4)は、「将来同じ問題が起こらないように製造工程を見直しました」、(5)は「問題のあった商品については、無償で交換いたします」のようになるだろうか。

†言い訳と謝罪

これに対して、現実場面で問題が起こったときに頻繁にみられる謝罪表現を考えてみよう。筆者が思いつくのは、「世間をお騒がせしたことをお詫びします」「皆様に誤解を与えたとすれば申し訳なく思います」「気分を害された方がいたことにお詫び申し上げます」などである。いずれも最後に「お詫びします」「申し訳なく思う」と言ってはいるものの、どれも責任は認めていない。だが、単に「ごめんなさい」とか「お詫びします」と言うだけでは謝罪にならないのである。

これらの表現は、その企業なり組織なりの行動の何が「世間をお騒がせした」のかがわからず、先に挙げた五つの条件のどれにも言及してはいない。「誤解を与えたならば」と言うならば、本来は誤解を与えるような表現（コミュニケーション）をした側が悪いはずなのだが、実際には、その表現で誤解するような市民が悪いというように責任転嫁をしており、謝罪になっていない。「気分を害された方がいた」というのは、明らかにその人々に謝罪すべきであるが、あたかも気分を害した一部の人に問題があるような表現である。これらはいずれも責任を認めて謝罪しているとは言いがたく、次に述べる言い訳と謝罪を混同しているようにみえる。

言い訳とは、上の例のように責任の所在を別のところに帰することである。言い訳は自分の責任を認めないためにすることなので、「たまたま悪条件が重なった」とか「想定外の規模のことが起こった」などもそれに当たる。この想定の問題については、第7章第3節で改めて考えてみることにしよう。

†さまざまな印象管理

ここまで述べてきた謝罪や言い訳の例は企業の危機管理の事例が中心であったが、もちろん、企業以外の組織にもあてはまる。たとえば、行政機関に置き換えて考えてみても、シュレンカーの五条件に合致するような謝罪が行われたことがあるか、と考えれば数は少ない。条件にあてはまるどころか、日常用語で使うような謝罪すら行われた例をなかなか思い出せないのは、筆者の記憶力のなさのせいであろうか。

もちろん、一九七七年に水俣病患者に対して暴言を吐いたことを土下座して謝罪した当時の石原慎太郎環境庁長官や、一九九六年に薬害エイズ事件の長年の裁判の末、当時の菅直人厚生大臣が責任を認めて謝罪した例など、まったく例がないわけではない。

ここで第2章の表2-1のフィッシュホフの八つの段階に戻ってみると、このうちの第六段階が印象操作に関係していることがわかる。つまり、いかに感じよくみせるか、あるいは感じよく話すか、服装をどうするかなど、コミュニケータの印象をよくすることが考えられ、そのための訓練も行われてきた。リスク・コミュニケーションで女性のコミュニケータが選ばれやすい理由の一つもここにある。つまり、好印象を与えやすいと思われているからである。とはいえ、女性のリスク・コミュニケータが選ばれやすい背景には印象管理だけではなく、きわめて日本的なリスク・コミュニケーションの問題もあると筆者は考えているが、それについては第6章第1節で扱うことにしよう。

3 緊急時のコミュニケーション

†9・11の影響

第2章第1節でも述べた通り、二〇〇一年の9・11テロは、クライシス・コミュニケーションを表舞台に再登場させることになった。タイレノール事件以来、企業の危機管理として注目されていたクライシス・コミュニケーションが、再びテロ対策の一つとして復活してきたのである。この用語になじみの深かったのは、軍事、外交、治安維持などの安全保障分野にかかわる人々である。また、二〇〇三年にはＳＡＲＳ（重症急性呼吸器症候群）の流行があったこともあり、公衆衛生の領域の人々も積極的に参加するようになる。

繰り返しになるが、クライシス・コミュニケーションが本格的に議論されるようになった契機は一九六二年のキューバ危機であり、そこでは情報管理が問題とされてきた。したがって、彼らは情報を管理することが危機管理に直結すると考えがちである。

日本においては近年、地方自治体にも危機管理課がおかれるようになってきた。「地方公共団体における総合的な危機管理体制の整備に関する検討会　平成一九年度報告書」（二〇〇七年）には、「消防、警察、自衛隊、海上保安庁その他の危機管理に関係する団体からの、組織的、計画的な職員・ＯＢの受け入れ」とあるので、想定されている関係者は、旧来のクライシス・コミュニケーション関係者と考えてよい。

したがって、危機の際にはクライシス・コミュニケーションの手段である「情報管理」に注意しなければならない。もちろん、情報を管理することがすべて悪ではない。たとえば、ＨＩＶ感染が流行したときは、感染を広げないために、匿名で検査を受けられる仕組みになっていた。受検者の名前をわからないようにすることが、感染拡大というリスクを防いでいたのである。そういう情報管理が必要なときは、確かにあるだろう。

しかし現実には、情報管理というものはしばしば恣意的に使われる。特に、行政機関が「危機管理対策」という名目で、公開すべき情報を公開しないことがある。行政文書の開示を請求してもほとんど黒塗りで出てくる、というのはよくある話である。あるいは、情報が加工される可能性もある。「パニックを恐れて」という理由づけをどこまで信用していいかわからないが、情報の加工や切り取り、細かなところでは言葉の言い換えなどは頻繁に起こりうる。

典型的なのは、太平洋戦争中に、日本軍は退却に次ぐ退却だったわけだが、退却とは言わず「転進」と言い換えたことにみられよう。あるいは「全滅」ではなく「玉砕」、「敗戦」ではなく「終戦」などもそうであろうか。ワクチンに限って、「副作用」ではなく「副反応」と呼ばれることもこの事例に含めてよいかもしれない（英語ではどちらも side effect である）。

このように、表現を変えることで、与える印象が変わることを「フレーミング効果」といっている。人はポジティブな表現を好むので、たとえば、「死亡率五パーセント」と「生存率九五パーセント」の手術はどちらも同じ意味だが、死亡率で示されるよりも生存率で示される場合に、患者はその手術をすることを選ぶ、ということも実験的に明らかにされている。このことは、もし悪意の医師がいて、患者の選択を誘導したいときに、生存率で示してそれを選ばせる、という可能性を暗示している。

†情報管理は必要なのか

筆者は、クライシス・コミュニケーションと民主主義社会は相性が悪いと考えている。確かに、外交場面などで情報隠蔽や情報管理をしなければならない場合もあるが、その基準はいまだに不明確であり、結果として恣意的な運用が可能になっている。「安全保障のため」とか「機密情報が含まれるため」と言うだけで、情報を隠蔽したり、管理したりできるからである。

軍事や外交にルーツを持つクライシス・コミュニケーションではあるが、クライシス・コミュニケーションという用語自体は、もともと緊急時および災害時のコミュニケーションの研究のために使われていた（Coombs, 2012）。この点を考慮すれば、本来は緊急時や災害時に、情報の隠蔽や加工は考えがたいものである。ここでも、少なくとも日本においては、クライシス・コミュニケーションに対する誤解があるように思われる。つまり、危機管理のためにはむしろ情報の加工や隠蔽が必要だという考え方である。

クライシス・コミュニケーションに関する論文は一九九〇年代から出てきており、それらは主に広報分野（PR）のものが多い。もちろん、実務家からの戦争の分析や危機事例の分析の論文もある。広報分野の論文が多いということを反映してか、スポークスパーソンの訓練などもテーマになっている。そうした論文によれば、たとえば記者会見において「ノーコメント」と言うのは禁句となっている。そう言うことによって、組織に責任があることを認めているか、何かを隠しているかのサインであると人々は解釈するからである。「ノーコメント」に限らず、情報を隠蔽していると受けとられるメッセージの出し方は、疑念しか生まない。

ただ、CDC（アメリカ疾病対策センター）が二〇一九年に出しているマニュアルを見ると（CDC, 2019）、「ある種の国家機密にかかわる情報を出さないでおくことは、政府の防衛や作戦にとって重要である」と書かれている。したがって、ときには機密情報が隠される可能性があることは、これを読めば明白である。しかし、「市民の知る権利」について述べているその後の項では、「批判や当惑からCDCや政府を守るという目的のためだけには、情報が控えられることはない」と書いてあるので、（少なくとも理論上は）恣意的な情報隠蔽がなされることはないだろうと理解できる。

†隠蔽と嘘

日本で明らかな隠蔽と考えられる事例は、二〇一一年の東日本大震災の際のSPEEDI（緊急時迅速放射能影響予測ネットワークシステム）である。このシステムは、まさに原発事故の際に、大気中の放射性物質の濃度や線量率の分布を、シミュレーションをもとに予測するためのものである。しかし、最も情報が必要な時期であった事故直後から、SPEEDIの情報が公表されることはなかった。ようやく一部が公開されたのは、三月二三日になってからである。そのため、現実には放射線量の高い方向へ住民が避難するということが起こった。これは当たり前のことで、予測がなければどの方向に避難すればよいのか、住民や地方自治体が計画ないし決定をすることは不可能だったであろう。当初政府は、事故サイトにおける放射性物質の放射線量がわからず、正確な予測ができないためと弁明していたが、その後「国民のパニックを避けるためだった」と説明を変更している。

戦争をするために嘘をつくことすらある。アメリカ合衆国のコリン・パウエル国務長官（当時）は、CIAの情報をもとに、二〇〇三年二月に、国連安全保障理事会で、イラクのフセイン大統領が大量破壊兵器の開発を続けていると非難した。これに続く三月にアメリカはイラクに侵攻し、いわゆるイラク戦争となったのである（終結は二〇一一年）。しかし、大量破壊兵器は結局見つからず、パウエル自身も晩年、この虚偽の発言を悔いていたといわれる。後に嘘とわかったとしても、戦争のための理由として利用したことは、まさにクライシス・コミュニケーションそのものである。

嘘も方便というが、そのために命が危険にさらされたり、失われたりするのである。それだけに、私たちは情報管理に対して警戒をしていなければならない。「言えない理由はなぜなのか」「証拠があるのか」と、問い続けなければならない。

†オオカミ少年効果

緊急時のコミュニケーション（emergency communication）は、リスク・コミュニケーションの一つだが、本当に緊急なのだから、そこでは市民に対して、速やかに正確な情報が提供されなければならない。たとえば、緊急地震速報や、氾濫発生情報および大雨特別警報（警戒レベル5に相当。ただし、近年気象庁は災害情報の名称を頻繁に変えており、これらは二〇二一年三月現在のものである）がそれに相当するだろう。

これらの緊急時のコミュニケーションは、もちろん科学的データをもとに出されているものだから、市民は通常、それにしたがって行動する。しかし、これらの情報にも問題がある。

一つは外れる可能性があるということである。緊急地震速報の場合は、そもそも不精確であるし、その仕組み上、震源地に近い場合には実際の揺れのほうが先に来ることもある。また、地域によっては地方自治体から特別警報などが「緊急速報メール」として出されることもある。

二〇二二年一月には神奈川県において、トンガ沖での海底火山噴火に伴って、このメールが最大で二〇回も深夜に自動配信された。このケースにおいては、そもそも津波注意報では緊急速報メールを出さないはずだったこと、地域の違いをまったく考慮せずに一律に送られたこと、気象庁が津波に関する情報を更新するたびに自動的に再送信されるようになっていたことなどの要因が重なったわけだが、情報を受け取った県民から見れば、意味のない情報であった。このような誤報は、緊急時のコミュニケーションに対する信頼を下げる。

これは、「オオカミ少年効果」と呼ばれている。「オオカミ少年」とは、『イソップ物語』のなかにある羊飼いの少年の話に由来する。この少年は、日ごろから「オオカミが来た」と嘘をついて大騒ぎしていたため、本当にオオカミが現れたときに誰も信じようとせず、助けが来なかった。また、火災報知器が鳴っても本当に火事が起きたと思ってすぐに行動する人は少ないかもしれないが（実際に火事である場合は、鳴動一〇〇回につき五回程度である）、こうした警報装置にも同じ問題がある。

予報が外れたときに、「外れたことを批判するのではなく、むしろ予測が外れてよかったと思うべきだ」と言われることがある。だが、予測が外れてばかりでは、その予報は信頼性を失う。予報がどのような根拠に基づいて立てられ、それが実際とどのように異なっていたか、そのずれがなぜ起きたのか、といったことを検証して説明することは、リスク・コミュニケーションでは重要なのである。

実際、オオカミ少年効果については、なぜ誤報が起こったのか、それについての詳細な説明（なぜ間違いが起こったのか）がその後になされれば、情報への信頼は低下しないことがわかっている。つまり、警報が外れたときの説明も、事前に十分用意しておく必要があるということだ。

二つ目の問題として、その緊急時の情報の意味が市民に理解されているかどうかという点もある。災害が増えてきたこと、また高齢者など避難が難しい人々が増えてきたこともあって、少なくとも二〇二二年現在、気象情報に関する限り、情報の数が増えて仕組みも複雑になっているように筆者には感じられる。これらすべてを理解していないと適切な避難ができないわけだが、その学習にかかる時間についても考えたほうがよい。こうした学習もリスク・コミュニケーションの一部だが、その学習にかかる時間と、情報の整理（簡素化）とのどちらを優先するべきか、検討する余地があるように思われる。

4　情報公開、透明性、信頼

†情報の信頼性をどう担保するか

使っている人々や、その歴史に分岐点がいくつかあったとしても、リスク・コミュニケーションとクライシス・コミュニケーションは、この数十年で注目を浴びた分野という意味では共通点がある。

二〇〇一年の9・11テロ以降、たとえばアメリカではクライシス・コミュニケーションに特化した研究所ができたりしたために、両者はよりいっそう分化してきたと考えることもできなくはない。旧来型のクライシス・コミュニケーションの実務家は、依然として情報管理や隠蔽を実践している。

その一方で、両者の具体的な戦略にほとんど実質的な差が見られなくなったとみる研究者も多い。その戦略とはすなわち、情報公開（openness）と透明性（transparency）である。なぜこの二つが重要かといえば、情報公開と透明性こそが、少なくとも行政や企業から出される情報の信頼性を担保するからである（特に緊急時のクライシス・コミュニケーションにおいてはそうである)。

　繰り返し紹介しているタイレノール事件の場合でも、当初「内部犯行の可能性を完全に排除できますか?」と、メディアから問われたＪ＆Ｊ社の重役は、「社内に青酸カリは保有していないので、その可能性はない」と否定していた。しかし、その後、製品の品質チェックのために施設内に少量の青酸カリを保有していたことがわかるとただちに謝罪し、また、それが事件に使われていないことを保証した。つまり、自分が与えた誤情報の訂正と謝罪を行ったのである。このことはさらにＪ＆Ｊ社の信頼性を増大させた。

　ＣＯＶＩＤ－19についても、流行が長期化しているために、新しい科学的な知見が蓄積されて、訂正すべき情報も出てきたはずだが、残念ながら日本においては、明確な訂正や、間違いがあったことに対する謝罪は行われていない。たとえば、緊急事態宣言や「蔓延《まんえん》防止等重点措置」の発出基準はたびたび変更されているが、その変更理由の説明も曖昧なままである。たとえば「感染者数ではなく、病床使用者数を基準とすることに変更する」と言われても、前の基準が間違っていたから変更するのか、あるいは適切でない部分があったとすれば、それがどこなのかについての説明も行われていない。

　あるいは、仮に説明される場合でも、「新たな変異株の性質に応じて」とか「感染状況も踏まえて、適宜、必要な見直しを行った」といった抽象的表現にとどまることが多く、

「新たな変異株が以前のものとどのように異なるのか」「現在の感染状況をどのように捉え、それが今度どうなっていくと考えているのか」「なぜその見直しが必要なのか、見直しをすることによって何を期待しているのか」といったことについて具体的かつ十分な説明がなされていたのか、筆者には疑問である。

†情報のスキャンとモニター

クライシス・コミュニケーションと言うと記者会見時のメディア対応や印象管理ばかり注目されるので、どうしてもクライシス・コミュニケーションは危機が起こった後のコミュニケーションだと思われがちである。だが、これは大きな誤解で、本来は危機にしないための事前の情報収集と分析を重要視している。

すなわち、危機の前からクライシス・コミュニケーションは始まっている。これをクームズ（Coombs, 1999）は、「スキャン」と「モニター」とに分けている。このうちスキャンが情報収集であり、モニターが分析に当たる。スキャンはしばしばレーダーにたとえられるが、重要なのは数多くの情報源に当たって広範に情報収集をしておくことである。モニターは、そのスキャンした情報のなかから、危機につながると判断される情報を注視することである。

スキャンされない情報はモニターされないから、ここで問題となるのは、スキャンの精度である。レーダーの精度を上げれば、それだけたくさんの情報が入ってくるので、分析が大変になる。ところが、本来危機時においてはレーダーの精度を上げるべきなのに、それを下げてしまうことが、少なくとも日本ではよく起こっている。

たとえば、二〇〇九年のH1N1インフルエンザ2009の際には、各地の発熱相談センターに電話が殺到したため、「海外渡航歴のある人のみ」電話をかけるように制限を行った。しかし、実際に確認された最初の患者は、海外渡航歴のない神戸の高校生であった。スキャンの精度を下げたために情報が入ってこなかったのである。その後、感染が確認される以前から、部活動などを通じてすでに集団感染が起こっていたことも判明した。

同じようなことは、二〇二〇年のCOVID‐19流行の初期段階から起こっている。たくさんの患者が医療機関を受診するのを抑制するために、「コロナ専門家有志の会」が、「三七・五度の熱があっても四日間はうちで」(すごそう) というキャンペーンを行っていた (図5‐1)。よく読めば、「持病のない六四歳以下の方は、風邪の症状や三七・五度以上の発熱でも四日間はご自宅で、回復を待つように」と注意書きがあるが、それを注意して読んでいる人はどれだけいただろうか。彼らの言いたいことは、最初の「#うちで治そう」と「#四日間はうちで」というキャッチフレーズに尽きている。きちんと読むほど意味がわからなくなるが、人の注目だけはひくという意味で、「三密」と同じである。

しかし、このキャンペーンが始まった二〇二〇年四月八日の段階では、日本におけるコロナ患者についての情報（たとえば、どんな症状か、どういう経過をたどるのか）は、十分に集まっていなかったはずである。それを把握するためには、

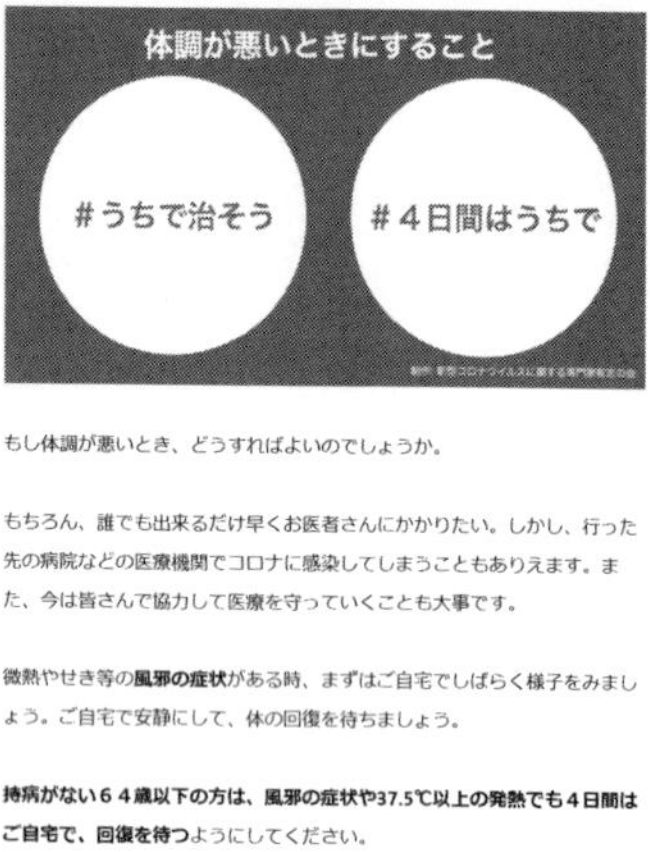
体調が悪いときにすること
#うちで治そう
#４日間はうちで
もし体調が悪いとき、どうすればよいのでしょうか。
もちろん、誰でも出来るだけ早くお医者さんにかかりたい。しかし、行った先の病院などの医療機関でコロナに感染してしまうこともありえます。また、今は皆さんで協力して医療を守っていくことも大事です。
微熱やせき等の**風邪の症状**がある時、まずはご自宅でしばらく様子をみましょう。ご自宅で安静にして、体の回復を待ちましょう。
持病がない６４歳以下の方は、風邪の症状や37.5℃以上の発熱でも４日間はご自宅で、回復を待つようにしてください。

図５－１　コロナ専門家有志の会ホームページより（2020年４月８日）

医療機関を受診させなければわからないと思うのだが、そういう情報収集（スキャン）をしようともしなかったわけである。また、情報収集が不十分だったというだけではなく、このキャッチフレーズにしたがった結果、治療が手遅れになってしまった人もいたことだろう。

あるいは、受診の抑制だけでなく、日本においては、十分な検査体制を整えることなく、ＰＣＲ検査の問題点を指摘したり、抑制したりする傾向も見られた。このような検査の抑制もスキャンの精度を下げる政策であった。スキャンしなければ（すなわち検査をしなけ

れば）、感染者を見つけられないのだから、現状を正しく把握することはできない。つまり、フィッシュホフの第一段階（第2章第1節）のリスク評価すらできなかったわけである。

検査の代わりに日本のコロナ対策として重視されたクラスター対策（集団感染が発生している場所を特定してピンポイントで感染経路の特定や濃厚接触者の調査を行うこと）は、モニターに当たると思われるが、肝心のレーダー（スキャン）の精度が悪ければ、そもそもクラスターを早期に発見することも困難だろうし、発見が遅れれば、見つけた人（発症した人）からの関連を追っても、正確に情報分析（感染経路、感染原因など）を行い、効果的な対策をとることは難しいように見える。

もちろん筆者は、あくまでリスク・コミュニケーションの専門家であって公衆衛生の専門家ではないのだから、ここでクラスター対策の是非を論じたいのではない。だが、リスク・コミュニケーションの視点からは、緊急時にあって「忙しい」であるとか「人手不足」「機材不足」などはスキャンをおろそかにしてよい理由にはならず、COVID-19での日本政府の対応はクライシス・コミュニケーションの基本がわかっていなかったと結論づけざるを得ないだろう。

ここまで書いたことを振り返ってみると、第2章で述べたように、リスク・コミュニケーションは事前のコミュニケーションで、クライシス・コミュニケーションは危機が起こってからのコミュニケーションであるという分類は、いかに意味のないものであるかわかるだろう。危機はリスクが顕在化したものなのだから、顕在化しないように情報のスキャンを重視するのがクライシス・コミュニケーションなのである。スキャンといった言葉は使われなかったとしても、リスクについての情報を収集し、人々がリスクを避けるためにリスク・コミュニケーションがあるという点では、リスク・コミュニケーションとクライシス・コミュニケーションは同時に行われている。また、仮に事故や危機が起こったとして、それはなぜ起こったのかをきちんと分析して教訓を残す、という点でも両者は同じである。

リスク・コミュニケーションとクライシス・コミュニケーションとの違いは、あくまで情報管理を認めるかどうか、というところにある。しかし、本節冒頭でも指摘したように、もはや情報管理は信頼を損なう効果の乏しい戦略である。オオカミ少年の嘘がそうであったのと同じように、危機の最初には効果があっても、長期化するにつれてその効果は失われていく。

事後の分析については、これ以降の章でも再び検討することにしよう。

第6章

リスクについて話し合う

1 「みんなで決める」はなぜ重要か

†集団の意思決定

たとえば、あなたが住んでいる街にゴミ処理場を誘致する、と市長が表明したとしよう。その市長に「私が責任を持って決めたことですから」と言われてすんなり納得できるだろうか？　おそらく、「まず住民に向けて説明会を開いて、みんなで話し合ってから決めてください」と、あなたを含めた多くの住民は言うであろう。では、その話し合いはどのようにしたらよいだろうか。この章では、社会的論争のリスク・コミュニケーションに欠かせない、集団の意思決定に関して、心理学の研究成果をもとに紹介する。

まず、一般的には、集団の意思決定の質は、個人の意思決定を平均したものよりはすぐれているが、その集団のなかで最も秀でた個人の決定には劣る場合が多いことが、実験によって明らかになっている。このように書くと、その集団（組織、社会でも同じである）で優秀な人を見つけてその人に決めてもらえば、最良の結果が得られるのではないか、と言い出す人が出てきそうである。つまり、独裁的決定である。実際リーダーシップ論などでも、優秀なリーダーにまかせておけば大丈夫、というような議論を見かけることもある。しかし、少し考えればわかることだが、そんなことは現実的に可能でない。

その理由は二つある。第一に、私たちは民主主義的な社会に生きているのだから、一人の意思決定による独裁はそもそも許されない。これに対して、首長や議員については、選挙を通じて代表者を選んでいるではないか、という反論が出てくるかもしれない。そして、そうやって選ばれた人が決めたことなのだからよいのではないか、と。しかし、選挙(しかも選挙は、そのやり方を変えれば結果は変わってくる可能性がある)によって選ばれることは、選ばれた人の優秀さを保証しない。つまり、社会としては、その人が最良の意思決定をする可能性に賭けるのはリスクがありすぎる。

また、上記の事実を明らかにしたのは実験によるものだから、「どれが最良の決定か」ということがわかっている状況である。しかし、現実の社会では最良の決定が何なのかあらかじめわかっているわけではないし、そもそも「誰が最も優秀な人物か」を見いだすことは困難である。たとえば、失敗してはじめて「他の人のほうが優秀だった」とか、成功してはじめてその人が優秀であったことがわかるのである。しかも、現実場面では明らかな失敗というのは起こりにくい。(会社などでもそうだと思うが)失敗の可能性があるときには、多くの人が協働してリーダーを支えているからである。つまり、失敗は見えにくいのだ。

さらにいえば、あらゆることに秀でている人は少ない。企業の例でいえば、創業者がいったんは成功しても、しだいに業績がふるわなくなっていったりすることはよくある。これは時代の変化に合わせて柔軟に意思決定を変えていくようなことができなくなってしまうからであろう。

これらのことから、私たちが知っておくべきことは次の二つである。第一は、たとえある面で優秀であったとしても、あらゆる面でつねに最も優れた人物であるとは限らないし、その人に意思決定をまかせるのは、私たちの社会の仕組みからも許されない。民主主義を前提とするリスク・コミュニケーションも、みんなで意思決定をすることを求めている。

第二は、そのようにしてみんなで決めたことは、必ずしも最良の決定ではないということである。しかし、それは最悪でもない。一人の独裁者や専門家にまかせてしまえば、最悪の決定になる可能性をはらんでいる。最良ではないかもしれないけれども、少なくとも最悪の決定を避けるために、私たちは集団で意思決定する必要があるのである。

†みんなで決めることはなぜいいのか

社会的論争の事態では、そもそもみんなで決めることが求められているが、ここでは集団で意思決定をすることのよい面に注目しよう。

まず、議論に参加することで、決定に対する参加者の満足感が高まる。誰か一人が決めたことよりも、みんなで話し合って決めた決定のほうが満足感は高い。したがって次に述べるように、みんなで決めたことは実際に実行される可能性が高い。

このことを明らかにした心理学の古典的な研究を紹介しよう。これは、レヴィンが第二次世界大戦中にアメリカ合衆国で行った研究である (Lewin, 1951)。この研究の目的は家庭の主婦を対象としてさまざまな行動を実行させることにあった。いくつかの実験が行われているが、ここでは「乳児に肝油を与える」という行動を取り上げ、講義方式によって実行させた場合と、話し合い方式で実行させた場合の実行率を比較してみよう。講義方式では、栄養士が肝油を与えることがいかに乳児の健康のためによいかを説明する。これに対して集団決定方式では、母親六人のグループで話し合いをして、挙手などによって決定した。

二週間後に実行率を調べたところ、自分の子どもに肝油を飲ませた母親は、講義条件では二〇パーセントであったのに対し、集団決定条件では四五パーセントであった。すなわち、集団決定条件のほうが実行率は高かったのである。この研究では四週間後にも実行率を再度調べているが、講義条件では五五パーセント、集団決定条件では八五パーセントであった。両方とも実行率が上がっているけれども、やはり集団決定条件のほうが、実行率が高かったのである。

まとめると、「みんなで決めたことは守られる」ということが言えよう。専門家である栄養士の話を聞くよりも、自分たちで話し合ったほうが、みんなが実行するようになるということなのである。これは、社会のルール一般でもよくあることだろう。誰かが決めたルールを押しつけられてもそれに従う人は少ないが、みんなで相談して決めたルールならば、それに従う人は多いのだ。

✝手続き公正の重要性

とはいえ、みんなで話し合って決めるときには、その手続きが公正であることが重要である。ここで言う「手続き公正（procedural justice）」とは、話し合って結果にいたるまでの過程や手続きの妥当性を問題としている。特に、発言の機会があること（これを「ボイス」と言う）が重要である。手続き公正についての研究結果から、発言の機会があると、議論の参加者の公正感が高まることがわかっている。つまり、リスクに関する問題についてみんなで議論することは、リスク・コミュニケーションとして重要であるというだけではなく、実際に、参加者が手続きが適正に進められていると感じることに貢献している。

リスク問題に限らず、このような手続きは、私たちの社会のいろいろなところで見ることができる。たとえば、業績評価の際に上司と面談できる機会を作っている企業は少なくないだろう。これも本人に発言の機会を持たせることで、公正感を高めているのである。

手続き公正の興味深い結果の一つは、発言の機会がある場合、常識的にはその意見が採用されるほうが公正感が高まりそうに思われるが、実際に意見が採用されるかどうかは公正感にあまり影響しないということである。むしろ「発言の機会がある」ということだけでも、結果を公正なものと感じるようになるのである。

このように手続き公正についての研究結果は、みんなで話し合うときに、発言の機会を与えることがいかに重要かを示している。まとめると、みんなで話し合うことは、決定に対する実行率、公正感を高めるのである。

†公聴会の罠

ただし、前述した手続き公正の研究結果から明らかとなった、意見が採用されるかどうかはさほど公正感に影響しないという点は、この手法が悪用される可能性を示唆していることにも注意しておきたい。行政の説明会や公聴会の類でよくあることだが、住民や関係者を集めて発言の機会だけを与え、「ご意見は承りました」というように、発言や話し合いの結果を施策の変更や改善にまったく使わないような場合がある。この場合でも、参加者の公正感はあまり変わらないので、意見を聞いてもらっただけで満足してしまう可能性がある。

企業や行政機関のウェブサイトにある「ご意見欄」(意見を投稿するところ)や「パブリック・コメント」でも、同じ問題が起こる可能性がある。つまり「意見を聞いておくだけ」で、なんら変更されることがない可能性があるのである。

リスク・コミュニケーションでは、問題(たとえば、迷惑施設の建設、ダム建設、環境問題の生じる可能性など)を認知した当初から、住民をはじめとする利害関係者(たとえば環境NGOやその問題の専門家など、地域外のメンバーもここに含まれる)の意見を聞く話し合いの場を持つことが求められている。しかし、日本の場合、ある程度方針が決定してから(おそらく、そのときにはすでに大半が変更不可能な状況になっている)説明会や公聴会が開かれることが多い。本当に説明しているだけで、そもそも住民の意見を聞くつもりはないと思われるようなものもある。また、当該地域の住民以外の参加を認めないような例もある。リスクに関する利害関係者はたくさんいるにもかかわらず、である。そういうものは、そもそもリスク・コミュニケーションになっていないのである。

また、これも心理学の研究で明らかになっているが、公聴会のような場面で注意したいのは、相手との権力の格差が大きいほど、相手に同調する可能性が高いということである。権力の格差とは、たとえば企業の例で言えば、平社員が社長に自分の意見を聞いてもらう機会があったとして、実際の場では社長の意見に同調しがちになってしまうようなものだと言えるだろう。公聴会の場合には、仮にそこに議員や地元の有力者などがいるとすれば、そのことによって発言者は有力者の意見に同調しがちになってしまうのである。参加する立場としては、そういうことがありうると知っておいたうえで、自分の態度を振り返る必要があるだろう。

†誰がコミュニケータか

また、こういう場には女性や子どもなどの社会的には立場の弱い人々がコミュニケータとして利用されることも多い。あるいは、職業集団のなかでもヒエラルキーがあるような場合には、そのなかで中心的な人物ではなく、補助的な仕事とか、周辺的な仕事を担う人々をコミュニケータに使う場合もある。このときも、何かしらの資格をとらせる場合が多い。つまり、周辺的な職種ではあるが、ある種の資格を得ているために他の人とは異なるという自尊心をその人物に持たせたうえで、コミュニケータとして利用しているともいえる。

女性の場合は、地域の女性に消費生活アドバイザーなどの資格をとらせて、地域でのコミュニケーション活動に利用したりする場合がある。地域勉強会（参加者は主婦であることが多い）の主役にさせて、啓発活動を行うのである。前に紹介したレヴィンの実験のように、みんなで話し合って決めた形式を使うという手法がここで活用されている。

また子どもの場合は、施設見学をさせたり、大学教授などを招いて勉強会を開いたりして、その成果を親や住民に対して研究発表させるようなケースもある。

いずれも同じメカニズムで、コミュニケータとなった人物は権力をもつ立場の人から認められたと感じて、権威者に同調してしまうのである。また、仮にそこで伝えられる情報に問題が生じるようなことがあっても、あるいは、実際に問題が起こっても、本当に責任のある立場の人々には影響が及ばない。公聴会に限らず、誰がコミュニケータとして選ばれているのかについても、私たちは注意深くあらねばならない。

2　集団の意思決定の落とし穴

†集団極性化

前節では「みんなで決めること」のメリットを紹介したが、同時にそこにはデメリットもある。そこで次に、集団による意思決定の欠点に注目していこう。まず、集団で物事を決めるときと、一人で決めるときとを比較すると、前者のほうがより極端に意思決定が変化することが知られている。これを「集団極性化（group polarization）」と言う。

たとえば、「手術すれば完治する心臓病の患者であるとき、どのくらいの成功確率なら心臓手術を受けるか」という状況があるとする。あなたならどのくらいの確率なら受けようと思うだろうか。ここで、手術を受けようと思う確率を、個人で考えた場合と、集団で話し合った場合とで比較した実験を紹介しよう（Wallach et. al., 1962）。この実験では、まず一人一人に「どのくらいの成功確率なら心臓手術を受けるか」を考えさせ、次いで集団で討議をさせて、その成功確率がどう変化したかを調べた。

その結果、成功確率は集団で討議させた後に下がったのである。また、討議後に再度個別に成功確率を聞いているが、その確率は下がったままだった。つまり、集団で話し合うことによって、より危険な方向に意思決定が変化し、その討議結果は個人の意思決定にも影響したことになる。これを「リスキー・シフト」という。この実験では、例示した心臓手術の課題も含めて、全部で一二の課題について実験を行っているが、多くの課題でリスキー・シフトが起こっていた。つまり、議論しているうちに、楽観論が支配していくようである。

もちろん「極性化」というからには、集団討議の意思決定結果が常にリスキーなものになるとは限らない。反対の方向、すなわち、より慎重な方向へ変化することもありうる(「コーシャス・シフト」という)。先に紹介した研究でも、「会社の社長が、新しいプラントを、収益が中程度のアメリカ合衆国に建設するか、政治的には不安定だが高収益が望める国に建設するか」という課題と、「婚約中のカップルが、意見の違いがあることがわかったときに結婚を決断するかどうか」という二課題で、統計的には有意ではないものの、コーシャス・シフトが見られている。

現実の例として、薬害エイズが問題になっていた一九八三年七月に行われた、当時の厚生省の第二回研究班会議を取り上げよう。この会議では、エイズ様の症状で死亡した患者の症例が検討されたものの、アメリカのエイズ患者の診断基準を満たさないという結論に至った。会議後の記者会見では、座長が「この患者がエイズであると積極的に申すことはできない」と述べて認定見送りを宣言した。おそらく、この患者を日本での第一号と認めると血液製剤の投与とエイズとの関係を認めざるを得なかったため、研究班会議で「証拠が揃っていない」という判断に傾いたのであろう。

ところが、この一つ前の第一回研究班会議では、この患者のことを述べていると思われるのだが、座長は血友病患者からエイズ患者が発生している可能性について言及している。「私どもは一例は一人殺している。この患者がこの病気かどうかということはこれから検討しなければならない」という発言である（NHK、一九九九）。また、「私どもは、毎日これは〔血液製剤に――引用者注〕毒が入っているかもしれないと思って注射している」とも述べており、厚生省の当時の担当者も「最初は危機意識があった」と証言している。したがって、当初あったはずの危機感が、話し合いのどこかの時点で、甘い判断に傾いたと推測される。

その後、この患者の検査結果はアメリカの専門家に送られて「アメリカの診断基準ではエイズである」との回答を得ているが、判断が変更されることはなかった。この判断が、患者の増大を防げず、患者認定も遅れることへとつながっていく。

個人がリスクを甘く見がちなのと同様に、集団で話し合っているうちに、楽観論が支配して結果としてリスクのある決定をしてしまう可能性は常に頭に入れておくべきだろう。このことは、以降で触れる集団浅慮の問題にもかかわるし、第7章でも取り上げることになる「なぜ想定が甘くなるのか」という問題とも関連している。

†集団浅慮

特に危機的な状況にあっては、急いで決めなければならないことが多いために、限られた人々（特に専門家）が意思決定をするような状況が間々ある。しかし、まさにそういうときにこそ、専門家たちが愚かな意思決定をしがちであることが知られている。これを「集団浅慮（groupthink）」という。これは、集団で問題解決を行う際に、集団の維持にエネルギーを注ぎすぎるあまり、集団決定の質が低下してしまう現象をいう。

この現象は、ケネディ大統領政権下でのキューバ侵攻（一九六一年）の失敗を分析したジャニス（Janis, 1982）が明らかにしたものである。したがって、groupthink は彼の造語であり、直訳すれば「集団思考」とでもなるだろうが、日本語では意味をとって「集団浅慮」と訳している。

集団浅慮が起こるとどのような症状が表れるかを、表6-1にしたがって解説していこう。まず、(1)無謬性の幻想とは、「自分たちは選ばれた優秀な人間で失敗することはない」と考えることである。キューバ侵攻を決断したケネディ大統領の諮問委員会も、自分たちは選ばれた賢明な人間だと信じていたため、作戦の問題点を詳細に検討したりしなかったのであろう。そして、その作戦に瑕疵《かし》があったとしても大丈夫だと、(2)集団での合理化を行ったのである。
(3)道徳性の幻想とは、民主主義的な体制のアメリカ合衆国に対して、キューバは共産主義体制であったから、その打倒のためには、少々の犠牲や非倫理的行動は許されると考えることである。
(4)外集団に対するステレオタイプとは、共産主義国に対する偏見によって、指導者や兵力に対する過小評価が起こったことをさす。したがって、少数の兵力で簡単に政権を打倒できると考えて作戦を実行したものの、実際には早々に退却する羽目に陥ったのである。

表6-1　集団浅慮の症状

(1)	無謬性の幻想
(2)	集団での合理化
(3)	道徳性の幻想
(4)	外集団に対するステレオタイプ
(5)	反対する人への直接的な圧力
(6)	自己検閲
(7)	意見の一致の幻想
(8)	逸脱意見から集団を防衛する人物の発生

(5)から(8)は、主に集団維持に関するものである。議論中に異議を述べる者に対して同調するように直接圧力をかけるのが、(5)反対する人への直接的な圧力である。したがってみんなが同じような意見になってしまう。そして、そういう同調圧力を自ら予測して、反対意見を言うのを控えてしまうのが、(6)自己検閲である。結果として、内心問題があると思っている人がいても、表面上は(7)意見の一致の幻想が生まれてしまう。また、仮に反対意見を述べる人がいたとしても、それに脅しをかけて発

言を封じる役目の人物が現れることがある。これが、⑻集団を防衛する人物の発生である。

ジャニスのこの研究以降、集団浅慮と解釈できる現象がいくつか研究されている。たとえば、一九八六年一月にスペースシャトル・チャレンジャー号が打ち上げ七三秒後に爆発した事故においても、NASAと部品を供給している下請けのモートン・サイオコール社との間で前夜に行われた会議が集団浅慮の例であったと指摘されている。

サイオコール社は、「O-ring」という部品が、翌日予想されていた低い気温に耐えることができず、機体爆発を起こす可能性があるとして、打ち上げに反対していた。しかしこの意見を受け入れると、打ち上げを気温が上がる四月までに延期せざるを得なくなることを懸念したNASAは、サイオコール社に安全性の証明にサインをするように深夜の会議で迫っている。この際、最後まで反対した技術系の重役には、サイオコール社の別の重役から「経営のことを考えろ」という圧力がかかり、結局彼は同意してしまう。そして、実際に打ち上げ直後にサイオコール社が懸念していた通りのことが起こり、乗組員七人全員が死亡した。

このような集団浅慮が起こる原因についても検討が行われている。一つ目は「集団凝集性の高さ」である。集団凝集性とは、集団としてのまとまりのよさを示す。たとえば、専門家どうしならば、お互いに相手の専門性には敬意を払っており、また、顔見知りであることも多いであろう。つまり、集団凝集性は高い。二つ目は、「孤立」である。専門家どうしで話し合いをすることが多いために、外部からのアドバイスや情報を得にくい状況になってしまうのである。三つ目は、「リーダーシップ」である。キューバ侵攻の場合は、ケネディ大統領が好む結論（キューバ侵攻の実行）があり、チャレンジャー号事故の場合は明日に打ち上げるという結論があった。そこで、その結論に沿って議論がなされるわけである。四つ目は、「問題解決のためのストレス」である。このストレスを引き起こすのは、多くの場合、短時間で社会に影響を与える重大な決定をしなければならないことである。

これらの原因を考えてみると、集団浅慮は知られている以上に起こっている可能性が高い。たとえば、釘原（二〇一一）は、太平洋開戦時の日本政府の意思決定について、集団浅慮に当たるかどうかの検討をしている（ただし、その結論は明確ではない）。これに限らず、日本でも集団浅慮の事例はたくさんありそうだが、日本の場合、アメリカ合衆国のようにきちんとした議事録が残っていないことが多いので、研究者が検討をしようとしても、それが十分にできないのが実情である。

集団浅慮は社会に影響を及ぼしかねない重大な現象なのだから、少なくとも後世の研究者がその事実があったかどうか検討できるようにしておかなければならない。そのためにも、何が話し合われていたのか、どういう集団の力学が働いていたのか、それをたどれる議事録はきちんと残さねばならない。

†共有情報の優位性

集団で話し合いをするときには、誰もが何かしらの情報を持って参加するわけだが、より多くの人が共通して持っている情報ほど熱心に話し合われるという現象が知られている。これを「共有情報の優位性」という。日常的な会話でも、「あっ、その話私知ってる」「私も」「私も」というような展開になって、その情報についてばかり熱心に話し合っていた、ということはないだろうか。結果として、その熱心に話し合われた情報で結論が決まってしまう。この現象はそうしたことをさしている。

日常で起こりがちなことは、重要な会議においても起こっている。みんなが知っている情報（共有情報）が議論で優位になるということは、重要かもしれないが一部の人しか持っていない情報が議論されにくくなる可能性を示している。前述の「集団浅慮」の場合にも起こりうることだが、みんなが常識的に持っている（したがって共有されている）情報ばかり熱心に議論された結果、一部の人が持っている懸念や、リスクにつながる重要な情報が無視される可能性があるのである。

「みんなが知っている情報だから」「誰もが同じ意見だから」といって、早々に議論を決めてしまわないようにしたい。別の情報を持っているのはその人しかいないかもしれないのだから、その情報が重要なリスクにつながるものかもしれないと考えて、全員が情報を十分出したか、チェックしながら議論を進めるようにしたい。そうでなければ、重要な情報を持っているはずの当人すら、「誰もがそのことについて議論しないのだから、自分の情報は意味がないのかもしれない」と考えて、発言を控えてしまう可能性もあるだろう。

3　合意をいかに形成するか

†合意形成は行われているか

次に、集団での話し合いからどのように結論を導き出すべきかについて考えていこう。合意形成の具体的な手法にはさまざまなものがある。

たとえば、第2章で紹介したレスポンシブル・ケア・プログラムの一つとしてアメリカで実施されているCAP（Community Advisory Panel, 日本で言う地域協議会のようなもの）の場合には、地域住民、環境NGOの関係者、教師、（関係する）企業の代表者、学生、教会関係者、地方自治体の代表、（ときに）マスメディアなどがメンバーに含まれる。要するに多様な人々が集まって、月一回程度話し合いを行うというものである。もちろん、化学工場に関するリスクが主に話し合われるわけだが、会合を重ねるにつれて、それに限られることなく、地域のリスクの問題について話し合うようになっている場合もある。

地域で行われる対話という意味では、日本における自治会の会合のようなものがイメージとしては近いかもしれない。しかし、現実には、日本の自治会で参加するメンバーの多様性が考慮されることはあまりないだろう。

しかし、利害関係者はその地域以外にもいるかもしれないし、多様な人がさまざまな知識を持ち寄って話し合いをすることには意義がある。環境NGOのメンバーならば、他の地域ではどのようにしているのか、参考になる例を紹介してくれるかもしれない。また、住民が気づいていない（そして企業が説明しなかった）問題点を指摘してくれる可能性もある。教師であれば、子どもたちへの対応（たとえば話し合われている避難方法が、実際の事故のときに実行可能かどうか）などを、学校の事情に合わせて話すことができる。

社会的論争には、このように合意形成の手法を用いて解決しなければならない問題がたくさんあるし、それはこれからも増える一方であろう。にもかかわらず、日本では「公聴会」や「説明会」のような一方向的なものが、あたかもリスク・コミュニケーションであるかのように行われており、ここで述べたような合意形成のための会議の仕組みが、まだまだ整っていないようにみえる（もちろん、「みんなで○○について語ろう！」といったそれらしいタイトルの集会が行われることはありうるが、本質は変わらない）。

地域のリスクだけではなく、たとえば遺伝子組換え作物を受け入れるかどうか、あるいは遺伝子組換え技術を使った医療を推進するかどうかといった問題について、私たちは話し合ったことがあるだろうか。あるいは、どうしたら議論できるか考えたことがあるだろうか。たとえば、建物内を全面禁煙にしたときには、多くの喫煙者という利害関係者がいたはずだが、その人たちの意見はどのタイミングで聴取されて、彼らは（多数の場合は一部の人が代表にならざるを得ないが）どこで合意したのであろうか。

†より良い集団的意思決定のために

残念ながら私たちの社会には、多様な人が集まって合意形成をするという手法は確立されているように見えない。もちろん、さまざまな手法が試みられているのは事実である。筆者の知る限り、防災やまちづくりの分野ではすでに多くの手法が生み出され、実践されている。化学分野では、先に紹介したＣＡＰに近いものも実施されている。

合意形成が欠かせない問題は現在もたくさんあるし、これからも増えていくだろう。有効な手法を確立することはすぐにはできないにしても、これまでに紹介したいくつかの心理学の研究成果を、かなり活用できるのではないかと筆者は感じている。それらについて、ここでまとめておこう。

まず、集団の意思決定の研究結果から言えるのは、一方的に結論を押しつけるのではなく、みんなで決めることが重要だということである。その際、できるだけ多くの人に発言の機会を設け、みんなで話し合うようにすることは、結果に対する公正感を高めるだけでなく、大多数が見落としているような重要な情報をすくい上げ、その結果の実効性を上げることにつながるだろう。さらに、多様な人が参加することによってさまざまな情報が集まるのだから、より良い決定をすることもできるはずだ。

特に、危機的な状況で専門家が愚かな意思決定をすることにつながる集団浅慮の問題は要注意である。これに対しては、すでにいくつか対応策が提案されているので、ここで紹介しておこう。第一は、多数意見に反対する人をわざと立てて、意見を再検討させるというものである。第二は、全体をいくつかのグループに分けて別々に検討させるというものである。もし複数の集団で同じ結論が出れば、それは正当な結論である可能性が高い。

第三にメンバーが反対意見を述べることができるような雰囲気を、リーダーが作ることである。要するに、メンバーは「リーダーはこういう結論に持っていきたいのだろう」と思って議論を進めていくものだから、その結論に反対するような意見や、リーダーがめざしているものとは別の結論を主張することは、そもそもしにくい。もし、本当にすぐれたリーダーならば、「反対意見を述べるのをむしろ歓迎する（私が気分を害したり、反対者を罰したりしない）」という雰囲気を作ることができるはずだ。そのことが、結局はリスクを回避することにつながるのである。

†内部告発者の存在

第四の提案は、内部告発者（whistle blower）が存在することである。先に挙げたスペースシャトル・チャレンジャー号の事故の場合にも、事故後に部品が破損する可能性を指摘していたことを明らかにした二人の技術者がいたために、問題が知られるようになった。組織の内部で問題が起こっていることを組織外の人が知るのは難しいのだから、内部告発というのは有効なリスク管理の方法である。ただ実際には、内部告発者は多くの場合、報復を受けることが多く、実際、告発を行ったサイオコール社の技術者の二人も、降格処分などを経て、結局は退社を余儀なくされている。

日本でも、内部告発者を保護するために二〇〇六年に公益通報者保護法が施行されているが、実際には告発者が企業内で罰せられるケースは少なくない。その理由のためだけではないだろうが、この法律は二〇二〇年六月に改正され、大規模事業者に内部公益通報対応体制の整備を義務づけることなどが新たに定められた（二〇二二年六月施行）。

　筆者自身は、文句を言うことや批判することが、結果的にはより良いリスク・コミュニケーションにつながると考えている。したがって、内部通報によって不利益をこうむったと通報者を逆恨みするのではなく、それによって収拾のつかないような最悪の事態に陥ってしまうことを避けられたと捉えるべきなのだ。みんなが同調したり、リーダーに忖度《そんたく》したりするから危機を引き起こすのであって、社会的論争というからには、論争し合わなければ意味がないであろう。

†創発的なリーダーシップ

　会議や話し合いというと、通常は合意が得られるまでに時間がかかるので、敬遠されがちである。そうなると、みんなで話し合うのではなく、リーダーにまかせればよいではないか、と言う人が必ず出てくる。しかし、これまでも述べてきたように、そのリーダーが実際に優秀かどうかは、結果が出るまでわからない。失敗する可能性もあるのに、一人のリーダーに決定を委ねるのは、あまりにも危険であろう。

　その危険性は、特に危機的な状況で増大する。第2章でクライシス・コミュニケーションとリスク・コミュニケーションとの違いを説明したが、情報を管理する立場のクライシス・コミュニケーションと、リスクを民主的に管理する立場のリスク・コミュニケーションとでは、結果として危機管理のモデルも異なっている。

それが、命令統制モデルと創発能力モデルである。命令統制モデルは、命令系統が厳格で、集権化した官僚的な組織を前提とする。危機時の混乱をいかに統制するかを念頭に置いているので、強いリーダーシップ、トップダウンのコミュニケーションが想定されている。「軍隊モデル」と呼ばれることもある。

二〇二〇年以来のCOVID‐19への日本政府の対応は、この命令統制モデルに基づいて行われてきたように見える。そのことは、二〇二一年四月ごろに専門家から発せられるようになった（感染低減のためには）「国民への強いメッセージが必要」という発言に端的にうかがえる。専門家や政府が強く言えば市民がそれに従うと思っていたのであろうか。市民から見れば、専門家も政府も一つの情報源にすぎないのだから、たとえ強く言われたとしても、はたしてどれだけの人がそれにしたがうのか、はなはだ疑問である。

もう一つの「創発能力モデル」とは、非官僚的で緩やかに統合された柔軟な組織こそ、危機に対応できると考えるモデルである。「調整とコミュニケーションモデル」と言われることもある。危機に当たって人々が創意工夫をして対応する余地をあらかじめ想定したモデルである。実際に、日本のこれまでの災害においても、通信が途絶して各組織間の連絡ができなくなったような被災地で、リーダーとしての役割を果たす人が各所に現れてきた。たとえば、避難所の運営に力を発揮したり、不足している物資の調整を行ったりするような人たちである。

台湾のCOVID－19対策で有名になったオードリー・タンは、デジタル技術を活用した対策で高く評価されたが、当時すでに政府のメンバーであったものの、決してその中心にいたわけではない。しかしその指揮は、まさに創発能力モデルが想定するような創発的なリーダーそのものである。彼女はとても巧みにリスク・コミュニケーションをやっているように筆者には見えるが、その証拠の一つは、徹底的に「透明性」を強調しているところにある。

実務家や政治家が命令統制モデルを支持する一方で、多くの社会学者は創発能力モデルを支持している。その理由は、命令統制モデルが想定するような社会の混乱（パニックなど）は現実には起こらないこと、そして命令統制モデルでは大災害や長期的に続く災害に対応できないことにある。というのも、大災害になればなるほど、あるいは災害が長期化するほど、多組織間の調整が必要になり、かつ、難しくなっていくからである。

第7章 リスクを共有する

1　拡大するリスク概念

†リスク分析は万能ではない

本書では、これまで、リスク分析の枠組みに基づくリスク概念やリスク・コミュニケーションについて紹介してきた。しかし、科学的評価を前提とするリスク分析は万能ではない。第1章第1節で述べたように、ハザードの大きさとそれが起こる確率の積によってリスクを算出するという従来の手法では、そのどちらかが明らかでないときにはリスク評価をすることはできない。たとえば、新しい感染症の場合、どのような症状が出るか（たとえば、死亡するとか、肺炎になるとか）というハザードはわかったとしても、いったいどのくらいの人が感染してそのハザードを受けるのかがわからないことが多い。そうすると、理論的には、確率が計算できないのだから、それはリスクではないということにもなりかねない。

リスク分析によるリスク評価に限界があることは、ドイツの社会学者ウルリヒ・ベック

（ベック、一九九八）もすでに指摘している。たとえばベックは原子炉の安全性を例にとって、その事故を想定することはあっても、そこで考慮されている危険（リスク）というのは、数量化して表現することができるものだけに限られると述べる。つまり、計算できるリスク評価には限界があるということである。これに対して、住民が懸念するのは、科学者が研究の対象としなかったリスクの性質である。たとえば、ひとたび事故が起これば取り返しのつかない結果を招く、つまり「ハザード」が計算不可能なほど大きいケースなどである。すでに私たちは知っているわけだが、ひとたび深刻な事故が起こった場合、半径数十キロ以内に人が住むことができないような取り返しもつかない事態を招くこともある。だが、こうした事態を十分に数量化して、従来のリスク分析で扱うことは難しい。

これは、第3章のところで議論したリスク認知の際の評価基準の違いにも関連する。つまり、リスク分析という科学的合理性に対して、社会的な合理性（一つの事故が破滅をもたらす）が対立しているというのである。つまり、ベックの考えるリスク概念は、リスク分析のそれよりも広い。

†広義のリスク

本書ではこれまで、リスク評価に基づく、いわば狭義のリスク概念をもとに議論を進めてきた。

しかし、そのような理解では現代的なリスクに対応できないという考え方が、ヨーロッパ諸国を中心に主流になりつつある。リスク評価が定まるのを待っていては、対策が遅れてしまうからである。

先ほど例に挙げた、確率がわからないとリスク評価できない例もそうであるし、ハザードがわからない場合には、当然確率もわからないわけだから、どちらもわからないことになる。

たとえば、内分泌攪乱《かくらん》化学物質（「環境ホルモン」という俗称で呼ばれることもある）が人間の健康に影響を及ぼすかどうかという議論の初期がそうであったように、また遺伝子工学が現在そうであるように、そもそもどんなハザードがあるのか、いくつかの可能性が指摘されることはあっても、研究が進まなければハザードすら確定しない例はいくらでもある。

しかし、たとえハザードが確定していなくても、あるいは確率がわからなくても、そこにリスクがある可能性が懸念されるのならば、これらもリスクとして扱うべきだという考え方は、そこまで不合理なものとは言えないだろう。本書ではこれを、「広義の」リスク概念として扱うことにしよう。具体的には、ハザードがわかっているが確率がわからないものは「不確実性（uncertainty）」、ハザードも確率も両方ともわからないものは「無知（ignorance）」と命名されている。

リスク・コミュニケーションとは、そもそも個人や社会のリスクを、将来起こりうるものも含めて減らしていくためのものであるから、むしろ広義のリスク概念も扱ったほうが本来の目的と合致していると言えよう。

†事前警戒の原則

不確実性や無知もリスクに含める考え方と関連が深いのが「事前警戒の原則（予防原則）」である。つまり、狭義の（科学的に定義される）リスクをもとに対策をしていては手遅れになってしまうことがあるから、必ずしも科学的に因果関係が証明できなくても、政策的対応をとるという考え方である。

日本では明確に事前警戒の原則を政策的にとっているとは言えないが、筆者は、PRTR制度（化学物質排出移動量届出制度）はその一例だと考えている。

PRTR制度とは、健康に有害な影響を与える可能性がある化学物質が、事業所から環境（大気、水、土壌）へ排出される量と廃棄物に含まれて事業所外へ移動する量を国に届け出る制度で、一九九九年から実施されている。国はこれらの届出データや推計に基づき、排出量や移動量を集計・公表している。もちろん、これらの化学物質は国の基準に従って環境への排出が制限されており、通常は、たとえば工場の排水などから基準値を超えて環境中に出ることはないが、基準以下であれば土壌や排水中に排出されることはある。そこで、指定された四六二種類の物質については年間一トンを超える場合に、また、発がん性のある一五種類の物質については年間〇・五トンを超える取り扱いがある場合に、報告が義務づけられている（なお、この政令は二〇二一年一〇月に改正され、二〇二三年四月から指定化学物質が追加・変更される予定である）。

これらの物質が環境中に年間どのくらい放出されているか把握できていれば、将来環境問題が起こったときに、この制度で収集したデータをもとに、その問題の原因の推定に役立つと考えられる。このPRTR制度は、リスク情報を社会で共有し、その情報をあらかじめ蓄積しておくことで、将来起こりうるリスクに備える仕組みだと考えられる。

†手遅れ事例からの教訓

二〇〇一年に欧州環境庁は、早期の警告を見逃したため、問題が拡大した過去の一四の手遅れ事例を検討した報告書を出している。その報告書の最後には、これらの検討から引き出せる一二の教訓がまとめられている。一四の手遅れ事例とは、放射線管理、ベンゼン、アスベスト、PCBなどである。なお、新しい報告書も二〇一三年に発行されており（一二年に一度、発行する予定なのかもしれない）、そのなかには水俣病、福島原発事故なども含まれている。水俣病についての政策の失敗については詳細な分析が読めるが、福島原発事故については事故から二年後ということもあり、チェルノブイリとの比較での健康影響の懸念について述べられている程度である。

以下では、二〇〇一年の報告に基づき、リスク・コミュニケーションにかかわる教訓について解説していこう（表7-1）。すべてリスク・コミュニケーションに関係しているともいえるのだが、以下では、特に重要と思われる点を中心に述べる。

(1)の「不確実性」や「無知」についてもリスクとみなして早期に対処するというのは、リスク・コミュニケーションそのものである。第5章で指摘した情報のスキャンやモニターにも関連する考え方である。

(3)の科学的知識には「盲点」や違いがあることについても、リスク・コミュニケーションが果たす役割がある。繰り返しになるが、非専門家がリスク・コミュニケーションに参加することで、専門家が気づいていない点を指摘することもある（第1章、図1-3参照）。専門家や行政、市民が協力して、考え方の差異を発見したり、見落としを指摘したりすることが、リスクを低減することにつながっていく。

表7-1　手遅れ事例からの12の教訓（拙訳）

(1)	科学技術の評価および政策意思決定において、リスクや不確実性のみならず無知についてもこれを認め、対処する。
(2)	早期の警告につながるように適切な長期的環境・健康モニタリングを行う。
(3)	科学的知識にある「盲点」と相違を明らかにして、減らすように努力する。
(4)	異なる分野間の学習を妨げているものを明らかにして、減らすようにする。
(5)	現実の世界の状況が、規制のための評価に適切に考慮されていることを保障する。
(6)	可能性があるリスクとともに、主張されている正当化と便益を体系的に精査する。
(7)	評価されている案だけではなく、ニーズに合うような他の代替案を広く評価し、予期しないことが起こったときのコストを最小化し、技術革新の便益を最大化するような、頑健で多様かつ適用可能な技術を推進する。
(8)	評価を行うときには関連分野の専門家の知識のみならず、「普通の人」と地域の知識も利用する。
(9)	異なる社会集団の価値や考え方を十分に考慮する。
(10)	情報や意見を包括的に収集しつつも、利害団体から規制の独立を保つ。
(11)	学習や行動の障害となっている組織の問題を明らかにして低減する。
(12)	懸念について合理的な根拠がある場合には、「分析による麻痺」に陥らないようにして、潜在的な被害を低減するように行動する。

(4)の「異なる分野間の学習」を促進するものもまた、リスク・コミュニケーションである。多様な関係者や、異なる分野の専門家が話し合いを進めていくことによって、お互いのリスクに対する評価や認知の違いを学ぶことができる。専門家どうしでも、分野が違えば、同じ問題について異なる用語を使っているような場合もあるが、そのような些細なことも議論してはじめて気づくことができる。

(8)と(9)もまさにリスク・コミュニケーションの精神そのものである。専門家や行政だけにまかせるのではなく、私たち「普通の人」の知識も重要であるし、価値観の違いを理解することも重要である。特に環境や災害に関するリスクについては、地域の人のほうが専門家以上の知識を持っていることは十分ありうる。

(12)の「分析による麻痺《まひ》（paralysis by analysis）」とは、分析や情報収集に夢中になって、意思決定できない状況をさす。たとえば、「まだデータが揃わないから決定的なことは言えない」として対策を先送りするようなことは現実にはよくある。本章第3節で述べることにもかかわるが、想定が気に入らないとき、あるいは対策に費用がかかるとき、「科学的に未確定だからもっとデータを集めて結論を出そう」と意図的にしてしまうこともある。そうではなくて、不確実性や無知についても、対策が手遅れにならないように、リスク・コミュニケーションを積極的に行っていくことが重要なのである。

†「科学的に未確定」の危うさ

欧州環境庁のレポートは要するに、「科学的に未確定」という隠れ蓑が被害を拡大させることがあると指摘している。「科学的に評価」することは大事だが、データが揃うまでには時間がかかることが多い。また、学術論文であっても、手法が違えば、異なる（ときには逆の）結果が出たりする。そのどちらが妥当なのか検証するのにも、当然ながら時間を要する。

また、「科学的に未確定」というのは、リスクそのものを否定する口実にもなりうる。日本のＪＴのウェブサイトにある「喫煙と健康に関するＪＴの考え方」のページには、たばこのリスクや表示について、それぞれ興味深い意見が述べられている。たとえば、「環境中たばこ煙」（一般に言う「受動喫煙」）については、以下のような記述がある。

一方、環境中たばこ煙は非喫煙者の疾病の原因であるという主張については、説得力のある形では示されていません。環境中たばこ煙への曝露と非喫煙者の疾病発生率の上昇との統計的関連性は立証されていないものと私たちは考えています。

つまり、まだ因果関係を証明するに足りるほどの科学的データはない、と言っているわけである。もちろん前述したように、学術論文において手法の違いなどにより異なる結果が出てくることはある。しかし、「統計的関連性が立証されていない」というのであれば、それを示す論文なり資料なりは示すべきである。あるいは、その証拠を持って、専門家や規制当局と議論すればよいだけである。もし、その議論が公開されるならば、私たち一般人もそのリスク・コミュニケーションに参加することができるし、両者がそれぞれの主張の根拠となる論文なりデータなりを示して議論するなら、それを読み解いて自分なりに考えることもできるであろう。

2　一般人は無知ではない

†パターナリズムの破綻

専門家や行政が意思決定をし、市民がそれに従うというパターナリズムは、コミュニケーション技術の視点からも、また、現実のリスク問題をみても破綻しているということは本書でもくどいほどに指摘してきた。

知識を与えれば、市民の理解が上がるはずだという欠如モデルが失敗するのも同じ理由である。相手の知識や関心を調べもせずに行われる一方向的な広報が、結局人々の行動や考え方を変えられないのは、そもそも前提が間違っているからである。リスク・コミュニケーションという用語ができて、それが社会の仕組みのなかに多く取り入れられるようになってきているのに、その基本的な考え方が理解されていないと、その仕組みを活かすことができないし、相互作用的なコミュニケーションもできない。

近年の大災害やパンデミックを経験して、筆者が個人として特に感じることは、危機が発生したとたんに、専門家の意見ばかりが参考にされるようになることである。もちろん専門家の意見が重要な情報源であることは確かであるし、大いに耳を傾けるべき意見もあるはずだ。だが、専門家集団が危機的な状況で問題ある意思決定をすること（集団浅慮）もすでに私たちは経験してきたし、今でもその可能性はある。そのことには警戒を怠ってはならない。すなわち、専門家にまかせざるを得ないときにこそ、市民による監視がさらに重要になるのだ。

†市民の能力をどうみるか

そもそも、専門家や政府は市民の能力をどうみているだろうか。これに関して、フィッシュホフとエッガース（Fischhoff and Eggers, 2013）が次のように分析しているので紹介しよう。彼らは、政府が人々の「能力（competence）」をどう見積もっているかによって、政策的意思決定の差が生まれるとしている。すなわち、市民には能力がないと政府が思っていれば、選択の権利は与えられず、上述の「パターナリズム」になってしまう。逆に能力があると見なされれば、選択の権利が与えられる。ちなみに、ここで用いられる能力とは、知的能力が高いということに限定されるわけではなく、「（何かができる）能力」という意味である。たとえば、意思決定が「できる」というのも能力である。

ただし、能力が過大に見積もられると、必要な保護が得られない場合がある。リスク・コミュニケーションについて言えば、リスクについての情報は十分に与えたのだから、それを見落としたり、わからないでいたりするのは、その情報に注意しなかった人のせい（自己責任）ということになってしまう。たとえば、金融商品や保険関係ではよくあることだが、しばしば小さな文字で、かつ専門的な用語で、リスクについて記述されている書類を渡されることがある。その内容を十分に理解できる人はそれほど多くはないだろう。その後問題が起こったとして、その責任は「説明文書を理解しなかった」契約者にあると言えるだろうか。

日本政府が市民の能力をどのように見積もっているのかは推測のしようがないが、もしフィッシュホフらの議論が正しいとするのなら、現在日本政府のやっていることは奇妙である。つまり、情報伝達については、パターナリズム（すなわち、人々の能力を低く見積もっている）を前提としているようにみえるにもかかわらず、「自助・共助・公助」というように自己責任を強調する順位をつけている。

もともとこの言葉は、一九九五年の阪神・淡路大震災の際に住民によって救出された人々が多かったために「共助」が大事だという意味で、その後特に災害の分野において一つのモットーになったと筆者は理解している。したがって、この三つには優先順位（順序）はなかったはずである。しかし、いつの間にか「自助」第一と順番がつき、（市民の能力を低く見積もっているのならより重要になるはずの）公助が最後に来てしまっている。つまり、情報伝達の点では市民を能力のない者として扱いつつ、その能力のない保護すべき存在に対して、自己責任を求めるという政策をとっていることになる。

†市民の知恵を活かす

ヨーロッパ環境庁の教訓の(8)「評価を行うときには関連分野の専門家の知識のみならず、「普通の人」と地域の知識も利用する」に該当する事例は日本にもあった。それは、「測ってガイガー！」という市民が放射線量を測定するウェブサイトである。

二〇一一年の福島第一原発事故直後には、自分の住まいの近くの放射線量を知りたいというニーズは市民の間で高くなった。たとえば、子どもがいるならば、その子が遊ぶ公園の砂場の放射線量がどのくらいなのかは、親ならば気になるところであっただろう。しかし、測定機器の不足もあって公的機関による測定は遅々として進まず、結局自分で外国からガイガーカウンターなどの放射線測定器を取り寄せて測定をする人々が現れることになった。こうした動きに対して、日本製でなく、較正（キャリブレーション）がきちんとしていない機器を使って素人が測定することの問題点を指摘する専門家が数多くいた。

そこで、この「測ってガイガー！」という、測定場所の依頼と報告ができるウェブサイトが立ち上がったのである（二〇一八年に閉鎖）。地図上で、測ってほしい場所を依頼すると、その近所に住んでいてガイガーカウンターを持っている人が測定に行って、機器名などとともに、地図上で報告する仕組みであった（図7－1）。測定者は報告をし、依頼者はお礼を言うという無償のやりとりである。

測定点が増えるにつれて、当初懸念されたような外れ値は淘汰されていったし、また、機器名も明確なので、メーカーによって、少し高めに出るとか低めに出るといった癖もわかってくる。また、測定した市民によって、実際にある住宅地に（原発事故とは無関係な放射線源であったが）高濃度のポイントがあることが発見されたこともある。

図７−１　「測ってガイガー！」の測定マップ

このように「素人ばっかり」（とはいえ、初期には測定機器の較正についてのアドバイスもあったことからすると、サイト関係者には測定の専門家がいたようにも思われる）の集団であっても、知恵を集めることで、放射線マップを作成することができたのである。市民が作りあげたリスク・コミュニケーションの例と言える。

†特別な配慮があるべき人への対応

前述のフィッシュホフとエッガースの議論と関係するが、誰もが能力のある人ばかりではない。たとえば高齢者のなかには、インターネットで情報を得ることが難しかったり、あるいは、新しい用語が理解できなかったりする人もいるだろう。また、災害の際に避難することが大事と言われても、若いときほどには身体が動かなかったりする人もいるだろう。高齢者に限らず、身体的・精神的な問題を抱えている人は、私たちの社会にはたくさんいる。さらに、リスクに対して感受性が高いとされる人々もいる（たとえば妊婦や乳幼児など）。

このように特別な配慮があるべき人に対して一定の保護的な政策をとるべきという考え方は、特にEU諸国を中心に支持を得つつある。誰もが「自助」できるわけではないし、「共助」にも限界がある。そもそも、なぜ他者を助けなければならないのだろうか。特別な配慮があるべき人にこそ「公助」がきちんと整備されているか、つねに気を配っておきたい。

また、個人の努力では避けることのできない非自発的なリスク（環境リスクはその代表的なものであろう）に対しても、特別な政策オプションをとるべきだという議論もなされている。

日本の場合、どうしても「レジ袋を減らす」や「家庭での食品ロスを減らす」などの「小さなことをコツコツと」というような個人の努力が強調されがちだが、何度も繰り返してきたように、本当に必要なのは社会的な議論である。また、そのために必要なのは、「レジ袋の削減」や「家庭での食品ロス」が、全体のリスク削減にどの程度貢献しているのかがわかるデータである。あまり貢献していないかもしれない個人の努力ばかり強調して、解決につながる政策を検討しないのは、本当に効果的だと言えるだろうか。

3 「想定外」はなぜ起こるのか

†想定外という言い訳

二〇一一年の福島の原発事故の際に、「想定外」という言葉が多用された。想定外が起こる理由はいくつか考えられる。たとえば、自然災害がどのような規模で起こるのか、正確にリスクを予測するのは少なくとも現在の科学では難しい。そのように、本当に想定していなかった、といううか、できなかった場合である。

しかし、現実には「想定外」が言い訳として使われる場合も少なくない。なかには想定されていたものの、組織や個人の事情で却下した場合もあるだろう。

たとえば、二〇一一年の福島第一原発事故については、二〇〇二年から事故の可能性が徐々に指摘されてきていた。特に二〇〇八年の三月には、東京電力の子会社である東電設計から、敷地南部では最大一五・七メートルの高さの津波が押し寄せるおそれがあると計算した結果が報告されていた（添田、二〇一二）。

しかし、同年七月の会議で実質的に津波対策を先送りする決定がなされた。具体的には土木学会に検討を依頼する（研究を実施する）という決定であり、添田によれば、これは、東電設計の想定を受け入れれば二〇〇九年までに対策を行わなければならなくなるが、土木学会の研究を待てば結論が出るのは二〇一二年ごろとなり、四年ほど対策を先送りできるためだったとされる。工事が時間的に間に合わないことと、二〇〇七年の新潟県中越沖地震発生による柏崎刈羽原発の事故対策の影響で東京電力の経営状況が当時悪化していたという背景もあったようだ。したがって、対策が必要になる可能性がある想定は、受け入れがたかったのである。

嫌な想定はしない

組織の事情から都合の悪い結果を却下するだけでなく、リーダーや決定権を持つ人が、自分が考えたくない想定を否定することもある。こうしたことは企業でも起こりうるだろうが、ここでは総力戦研究所が一九四一年に、「日英米がもし戦うとしたら」という想定で行ったシミュレーション（机上演習）の例をあげよう。

これは、この年の六月から八月にかけて、総力戦を実施した場合の課題を洗い出すために実施された。参加者の多くは官僚で、軍事作戦の検討というよりも、さまざまなデータを分析したうえでの政策シミュレーションに近く、その後一一月に振り返りが行われた。

そこで出された結論は、「開戦すると英米・日間の経済力の差から必敗」というものであった。

この結果の第一回報告を受けて、八月に当時の陸軍大臣であった東條英機は、以下のように述べたという（猪瀬、二〇〇二より抜粋）。

諸君の研究の労を多とするが、これはあくまでも机上の演習でありまして、実際の戦争というものは、君たちの考えているようなものではないのであります。……戦というものは、計画通りにいかない。意外裡なことが勝利につながっていく。したがって、君たちの考えていることは、机上の空論とはいわないとしても、あくまでも、その意外裡の要素というものをば考慮したものではないのでありますッ。

ここで彼が言っている「意外裡なこと」とは日露戦争での勝利のことであり、この後、参加したメンバーに対して結果を口外しないように強く口止めしている。この数か月後に開戦したわけだが、その結果を私たちはよく知っている。つまり、このシミュレーション通り敗戦したのである。

†空想文書

きちんとした想定に基づかない計画は、いかに精緻に書かれていたとしても、現実には役に立たない。これをクラーク（Clarke, 1999）は、「空想文書（fantasy documents）」と呼んでいる。福島原発事故を分析したゥトゥハート（'t Hart, 2013）は、リスクを生じさせている側（ここでは規制官庁や東京電力をさすと思われる）の情報操作によって、住民に「現状のリスク管理で十分という幻想」が生じていたと指摘している。したがって、訓練もその誤った想定（空想文書）に基づいたものとなり、甘かった避難計画も訓練も、現実にはまったく役に立たなかった。

空想文書はほかにも存在している。たとえば、ミサイル攻撃に対応したJアラートに対する対応計画である。その想定は現実的なものであろうか。図7−2のような訓練が各所で行われたというが、これが本当にミサイル攻撃に対応した訓練と言えるのか甚だ疑わしく、この対応計画自体が空想文書である可能性は高いだろう。これが地震や雷に対する防災訓練なら、かろうじてわからなくもない。少なくとも、火災や、地震、津波などの災害に対する訓練のほうがよほど現実的であろう。

†行動が考え方を変える

おそらくJアラートの滑稽な訓練の意味は、次の二つのどちらかである。つまり、原子力発電所の想定がそうであったように「空想文書」に基づいているか、またはミサイルを撃ってきそうな国があって、それが危険な国であるという印象を国民に与えるためか、のいずれかであろう。

筆者は軍事に関する知識がないので、的外れな指摘になってしまうかもしれないが、もしJアラートの必要性が空想文書に基づくものではなく、真実の脅威であるならば、用意すべきは待避壕なり、地下の退避場所（たとえばマンションの地下）であろう。それに伴う訓練は、いかに早く待避壕に退避できるかの訓練になるのではないだろうか。

図7－2　2017年に行われたミサイル発射を想定した訓練（宮城県東松島市、時事）

また、二〇二二年現在、東京や大阪で指定されている避難場所の多くは学校である。本当にミサイルがきたとして、私たちは、降り注いでくる割れた窓ガラスの破片からどう身を守ればよいのだろうか。そして、そうした想定に基づいた訓練も行われているのであろうか。

さらに、この訓練は全国で行われているようだが、そもそもどこにどういったミサイルが飛んできそうか、その際どういった被害がありうるのかの分析はなされているのであろうか。全国すべてに待避壕を作ることはすぐにはできないだろうから、本当にそうしたリスクが高まっているのであれば、その分析をもとに、重点地域に対しては、先に待避施設やシェルターなどを作ってしかるべきではないだろうか。

しかし、現実にはそのような計画がないようにみえる現状では（秘密裏に進行していれば筆者には知るよしもないが）、Jアラートの訓練には別の意味がある可能性がある。すなわち、国民に対するある種のプロパガンダとして使われている可能性である。

第3章で認知的不協和理論を紹介したが、この理論は、説得の目的で使うことも可能である。つまり、図3－3で例示した住み替えの例のように、考え方が行動を変えるのではなく、行動のほうが考え方を変えるのである。住み替えられないと考えれば、自分は安全だと思うようになってしまうように、訓練をすることで、本当に脅威があるのだと思い込んでしまうこともありうる。実際、悪徳商法などでも「とりあえず試してみてください」と、まずは行動させて、結局高額な商品を買わせる。そうすると買ったほうはこの商品は高かったのだからよいものに違いないと思うようになってしまう、といったことはよくある。

「考え方が行動を変える」のではなく、「行動が考え方を変えてしまう」例は、世の中にあふれている。Jアラートの訓練も、これと同じように、何かしらのプロパガンダとして使われている可能性を否定できるだろうか。

表7－2　危機のポジティブな効果

(1)	英雄が生まれる
(2)	変化が加速する
(3)	隠れている問題が明らかになる
(4)	人々が変わる
(5)	新しい戦略が展開する
(6)	早期の警戒システムが発展する
(7)	新しい競争優位性が生まれてくる

†失敗を記録する

想定外が本当に起こっている（起こった）のならば、それは分析して、必ず記録しておかなければならない。そうでなければ、同じ失敗を繰り返すだけである。災害の記録もそうだが、世代が変わると教訓が伝わらなくなることがよくある。記録が残されていれば、直接体験した人でなくても、教訓を学ぶことができる。

議事録がないことの問題は本書で繰り返し指摘してきたが、日本では、失敗を記録することもきちんとなされていない。「想定外」というのであれば、もともとの「想定」がどういうものであり、なぜ想定外のことが起こったのかを説明する必要がある。その説明こそがリスク・コミュニケーションであり、次のリスクを回避することにつながるのである。

「危機」が生み出すポジティブな効果として、メイヤーズとホルシャ（Meyers & Holusha, 1987）は、表7－2の七つを挙げている。この七つがすべて起こるわけではないが、失敗を記録して教訓とすることで、社会をより良くするという考え方も重要である。

4　リスク・コミュニケーションがつくる未来

†「文句を言う」ことの重要性

リスク・コミュニケーションが生まれて数十年の間に、私たちの社会は、よりリスクを削減する方向に進んできた。それは、単に表示や注意書きのような直接的なコミュニケーションの変化だけではなく、制度や政策の変更というかたちでも実現されてきた。表示の変更も、制度上の変更を反映した結果であることが多い。また、ＰＲＴＲ制度のように、現在ただちに利用されていなくても、将来のリスクに備えた制度もある。

それでもまだ、本来の意味でのリスク・コミュニケーションは実現していないと筆者は考えている。特に対話や議論の場が少ないことが問題である。たとえば、インフォームド・コンセントなどの医療場面の例を何度か取りあげてきたが、医療者に対して十分に質問する時間はとられているだろうか。あるいは、自分で決定するのに十分な情報が与えられているだろうか。

個人の選択だけではなく、社会的論争の問題については特に、議論そのものが排除されることがある。だからこそ、筆者は、挑発的な言い方だが「文句を言う」ことを勧めたい。過去の公害や薬害の歴史をみても、声を上げる人がいてはじめて、問題が認識されるようになっている。マスメディアの役割も重要である。報道されない事件を私たちは知ることができない。問題点があるのなら、積極的に報じるべきである。

誰も声を上げなければ、社会に変化はないはずである。しかし、実際には社会に変化は起こっている。それは、声を上げる人がつねに社会にいるからに他ならない。たとえ数は少なくとも反対する人がいることの重要性は、社会心理学では「少数派影響」として知られている。少数派影響とは、一貫して反対する少数派がいることで、多数派の意見を変えることがある現象を示したものである。さらに、一貫した少数派の意見は、表面的な同調行動よりも、むしろ内面の意見の変化をもたらすという研究成果もある。つまり、表だってその反対意見に同調していなくても、意見を変える人が増えていく可能性があるのである。反論する人が少数だからといって、社会が動かないわけではない。社会のリスクを減らしていくためには、文句を言い続けることの重要性を忘れないようにしたい。

文句を言われるのは、当事者からすれば（たとえば、行政、専門家など）面倒なことだろう。しかし、そのことが社会全体からみれば、リスクの削減につながるのである。今は、文句を言われている側の当事者も、もしかしたら、新しいリスク対策によって、そのリスクを回避できる恩恵を受けられるかもしれないという想像力は持っておきたい。

リスク・コミュニケーションが社会を変えてきたのは事実だが、できることはまだまだたくさんある。情報共有は前提である。情報交換は手段の一つである。さらに一歩進んで、私たち誰もが積極的にその意思決定の過程に参加したいものである。

✝安全な社会をめざして

社会にはリスクがたくさんあるから、それらについて勉強したり、知識を得たり、またときには文句を言うことは、面倒に思われるかもしれない。しかし、どんな勉強でも同じだが、リスクについても、知れば知るほどおもしろいと感じられることが増えてくるだろう。たとえば、パッケージに書かれていることの意味がわかったり、さまざまな安全対策の必要性が理解できたりするようになれば、「ルールがあるからやらされている」ではなく、「自分の安全のためにやっている」と意識も変わることだと思う。

その際には、やはり過去に起きた事件や事故について知っておくことが欠かせない。いまある制度や仕組み、あるいはマニュアルや安全装置には、それぞれに歴史的な背景がある。マニュアルを逸脱したり、安全装置を軽視したりしたために、事故が起こることも少なくないが、そうしたことが起こるのは歴史的経緯についての理解がないためだろう。事件・事故の歴史を振り返ると、同じような失敗が繰り返されてきたことに気づくはずだ。

最初に日本は「災害大国」だと述べた。だからこそ、少なくとも自分が住んでいる地域の災害の歴史や、災害の可能性については知っておきたい。また、教訓も残されていないだろうか。できれば一人の体験だけではなく、複数の人の体験も学んでおきたい。複数の人が同じように述べることに、災害による被害を減らすヒントがあるはずだからである。

どの分野にも私たちができることはまだたくさんある。他方で、新しいリスクが明らかになったりする。現状に満足せず、より安全な社会をめざしていきたい。そのためにリスク・コミュニケーションは役に立つのだ。

あとがき

本書を読まれた方のなかには、一度も「不安」などの感情に関する用語が出てこなかったことに気づかれた方もいるかもしれない。このことは強調しておきたいが、心理学は実験や調査をもとに、人間の行動を研究する分野である。その研究の蓄積は、本書で紹介したもの以上に膨大である。本書に引用したものについても、そのすべてに引用をつけることをせず、主要な引用文献のみ示しているが、その蓄積を知っていれば、「人々の不安に寄り添うリスク・コミュニケーション」などというような、何をめざしているのかわからない漠然としたものの言い方など出てくるはずはないのである。筆者が本書を書いた動機の一つに、そういう誤解を避けたいということもあった。

もちろん、近年のリスク研究では、人間の感情過程に着目し、むしろそちらのほうが重要だという研究もある。しかし、それは、基本的な知識をもとに、次に考えていく話だと考えている。そのいわば応用編に言及することは避け、できるだけ基本的なことを理解できるように書いたつもりである。

本書をまとめるまでに、筆者と共同研究をしてくださった以下の先生方に御礼を申し上げる。ここにお名前を挙げた方以外にもたくさんの方がいらっしゃるが、一部の方のお名前のみを挙げることをお許しいただきたい。

愛知学院大学教授の岡本真一郎先生は、筆者の卒業論文の指導に始まり、数々の共同研究にもご一緒させていただいた。数十年にわたるご指導に心から感謝申し上げたい。

本学での昇任にお力添えくださった静岡大学客員教授の鈴木清史先生、同僚で最も信頼する友人の杉浦淳吉先生にも感謝申し上げる。また、筆者に新しい分野への応用の可能性を教えてくださった、大阪市立総合医療センターの奥野英雄先生、国立感染症研究所の重松美加先生にも感謝申し上げたい。

最後になるが、本書の企画をご提案くださり、抜け漏れの多い仕事をする筆者に、詳細にアドバイスをくださった筑摩書房の田所健太郎氏に、心から厚く御礼申し上げる。

二〇二二年四月

吉川肇子

引用文献

CDC (2019). *Crisis and Emergency Risk Communication.*

Clarke, L. (1999). *Mission Improbable: Using Fantasy Documents to Tame Disaster.* Chicago, IL: University of Chicago Press.

Coombs, W.T. (1999). *Ongoing Crisis Communication: Planning, Managing, and Responding.* Thousand Oaks, CA: Sage Publications, Inc.

Coombs, W.T. (2012). Parameters for crisis communication. In W.T. Coombs and S.J. Holladay (Eds.), *The Handbook of Crisis Communication.* (pp. 17–53) Oxford, UK: Blackwell Publishing.

Covello, V.T., Sandman, P.M., and Slovic, P. (1989). Risk Communication, risk statistics, and risk comparisons: A manual for plant managers. In V.T. Covello, D.B. McCallum & M.T. Pavlova (Eds.), *Effective Risk Communication: The Role and Responsibility and of Government and Nongovernment Organizations.* (pp. 297–357) NY: Plenum Press.

European Environment Agency (2001) *Late Lessons from Early Warnings: The Precautionary Principle 1896–2000.*

Fischhoff, B. (1995). Risk perception and communication unplugged: Twenty years of process. *Risk Analysis,* 15 (2), 137–145.

Fischhoff, B., and Eggers, S.L. (2013). Questions of competence: The duty to inform and the Limits to choice.

In E. Shafir (Ed.), *The Behavioral Foundations of Public Policy*. Princeton, NJ: Princeton University Press.

Grice, H.P. (1975). Logic and conversation. In P. Cole and J. Morgan (Eds.), *Syntax and Semantics*, vol. 3 *Speech Acts*. (pp. 41–58) New York: Academic Press.

't Hart, P. (2013). After Fukushima: Reflections on risk and institutional learning in an era of mega-crises. *Public Administration*, 91 (1), 1–13.

Heath, R.L., and O'Hair, H.D. (2009). The significance of crisis and risk communication. In R.L. Heath and H.D. O'Hair (Eds.), *Handbook of Risk and Crisis Communication*. (pp. 1–30) NY: Routledge.

Janis, I.L. (1972). *Victims of Groupthink: A Psychological Study of Foreign Policy Decisions and Fiascoes*. Boston: Houghton Mifflin.

Lewin, K. (1951). *Field Theory in Social Science: Selected Theoretical Papers*. D. Cartwright (Ed.) New York: Harper & Row.

Lichtenstein, S., Slovic, P., Fischhoff, B., Layman, M., and Combs, B. (1978). Judged frequency of lethal events. *Journal of experimental Psychology: Human Learning and Memory*, 4, 551–578.

Luft, J. (1984). *Group Processes: An Introduction to Group Dynamics*. 3rd ed. CA: Mayfield Publishing.

McGuire, W.J. (1964). Inducing resistance to persuasion: some contemporary approaches. In L. Berkowitz (Ed.), *Advances in Experimental Social Psychology*, 1. (pp. 191–229) NY: Academic Press.

Mertz, C.K., Slovic, P., and Purchase, I.F.H. (1998). Judgments of Chemical Risks: Comparisons Among Senior Managers, Toxicologists, and the Public. *Risk Analysis*, 18 (4), 391–404.

Meyers, G.C. and Holusha, J. (1986). *When It Hits the Fan*. Boston, MA: Houghton Mifflin.

Mitroff, I.I. (2001). *Managing Crises Before They Happen: What Every Executive and Manager Needs to*

Know about Crisis Management. NY: AMACOM
National Research Council (1989). *Improving risk communication.* Washington, DC: National Academy Press.
Powell, D. and Leiss, W. (1997). *Mad Cows and Mother's Milk: The Perils of Poor Risk Communication.* Quebec: McGill-Queen's University Press.
Schlenker, B.R. (1980). *Impression Management: The Self-Concept, Social Identity, and Interpersonal Relations.* Belmont, CA: Wadsworth, Inc.
Slovic, P. (1987). Perception of risk. *Science,* 236, 280–285.
Tesser, A., and Rosen, S. (1975). On understanding the reluctance to transmit bad news. In L. Berkowitz (Ed.), *Advances in Experimental Social Psychology,* 8. New York: Academic Press.
Wallach, M.A., Kogan, N., and Bem, D.J. (1962). Group influence on individual risk taking. *Journal of abnormal Social Psychology,* 65, 75–86.
Wilde, G.T.S. (2001). *Target Risk 2: A New Psychology of Safety and Health.* Tronto, Ontario: PDE publication. 〔芳賀繁訳『交通事故はなぜなくならないか——リスク行動の心理学』新曜社、二〇〇七年〕
Witte, K. (1994). Fear control and danger control: A test of the extended parallel process model (EPPM). *Communication Monographs,* 61, 113–134.

猪瀬直樹（二〇〇二）『日本の近代　猪瀬直樹著作集８　日本人はなぜ戦争をしたか——昭和16年夏の敗戦』小学館。

ＮＨＫ（一九九九）「ＮＨＫスペシャル　薬害エイズ16年目の真実」（一九九九年七月一四日放送）。

木下冨雄（一九八六）「補講２　緊急時における対人的相互作用と情報処理」、池田謙一『認知科学選書９

緊急時の情報処理』東京大学出版会、一五九―一八〇頁。

釘原直樹（二〇一一）『グループ・ダイナミックス――集団と群集の心理学』有斐閣。

小杉素子・土屋智子（一九九九）「科学技術のリスク認知・態度に対する情報環境の影響――一般と専門家、専門家間の比較」、財団法人電力中央研究所研究報告（Y98012）。

小杉素子・土屋智子（二〇〇〇）「科学技術のリスク認知に及ぼす情報環境の影響――専門家による情報提供の課題」、財団法人電力中央研究所研究報告（Y00009）。

佐々木敏裕（二〇〇一）「メディアが拡大する「風評被害」――被害の発生にうわさは関係しているのか」、『朝日総研リポート』一五一、七〇―八六頁。

添田孝史（二〇二一）『東電原発事故　10年で明らかになったこと』平凡社新書。

名嶋義直（編著）（二〇二一）『リスクコミュニケーション――排除の言説から共生の対話へ』明石書店。

ベック、ウルリッヒ（一九九八）『危険社会』東廉・伊藤美登里訳、法政大学出版局。

毎日放送（一九九〇）「まんが日本昔ばなし　ナマズの使い」。


【ウェブサイト】
・喫煙と健康に関するＪＴの考え方（二〇二二年三月一五日確認）
https://www.jti.co.jp/tobacco/responsibilities/guidelines/responsibility/index.html
・環境中たばこ煙（二〇二二年三月一五日確認）
https://www.jti.co.jp/tobacco/responsibilities/guidelines/responsibility/smoke/index.html
・地方公共団体における総合的な危機管理体制の整備に関する検討会、平成一九年度報告書（二〇二二年三月一〇日確認）

https://www.fdma.go.jp/singi_kento/kento/items/kento245_12_haihuSiryou12.pdf
・内閣府、災害教訓の継承に関する専門調査会報告書、平成一九年三月、一九九〇―一九九五、雲仙普賢岳噴火、コラム（二〇二二年三月二日確認）
https://www.bousai.go.jp/kyoiku/kyokun/kyoukunnokeishou/rep/1990_unzen_funka/pdf/11_column.pdf
・食品添加物の不使用表示に関するガイドライン検討会（二〇二二年四月一一日確認）
https://www.caa.go.jp/policies/policy/food_labeling/meeting_materials/review_meeting_006/
・コロナ専門家有志の会「#感染時に備えよう　体調が悪いときにすること」二〇二〇年四月八日（二〇二二年四月二〇日確認）
https://note.stopcovid19.jp/n/ncf680f3ea3f2

【図版出典】
図３－１　Slovic, 1987 をもとに筆者作成（一部改変）
図３－２　Lichtenstein et al., 1978 をもとに筆者作成（一部改変）
図４－１　Witte, 1994 の図を簡略化して著者作成

ちくま新書
1661

リスクを考《かんが》える
――「専門家《せんもんか》まかせ」からの脱却《だっきゃく》

二〇二二年六月一〇日　第一刷発行

著者　吉川肇子（きっかわ・としこ）
発行者　喜入冬子
発行所　株式会社　筑摩書房
東京都台東区蔵前二-五-三　郵便番号一一一-八七五五
電話番号〇三-五六八七-二六〇一（代表）
装幀者　間村俊一
印刷・製本　三松堂印刷　株式会社

ISBN978-4-480-07489-8 C0211

ちくま新書

1423
ヒューマンエラーの心理学
一川誠

仕事も勉強も災害避難の判断も宝くじも、直感はもちろん熟考さえも当てにならない。なぜ間違えてしまうのか。錯覚・錯視の不思議から認知バイアスの危険まで。

1582
バイアスとは何か
藤田政博

事実や自己、他者をゆがんだかたちで認知する現象、バイアス。それはなぜ起こるのか？　日常のさまざまな場面で生じるバイアスを紹介し、その緩和策を提示する。

757
サブリミナル・インパクト
――情動と潜在認知の現代
下條信輔

巷にあふれる過剰な刺激は、私たちの情動を揺さぶり潜在脳に働きかけて、選択や意思決定にまで影を落とす。心の潜在性という沃野から浮かび上がる新たな人間観とは。

802
心理学で何がわかるか
村上宣寛

性格と遺伝、自由意志の存在、知能のはかり方……。これらの問題を考えるには科学的方法が必要だ。俗説や疑似科学を退け、本物の心理学を最新の知見で案内する。

1656
臨床心理学小史
サトウタツヤ

「過去は長いが、歴史は短い」フロイトからマインドフルネスまで、臨床心理学の歴史と展開の百数十年を概観し、現代の心理実践を考えるための一冊。

1639
パンデミック監視社会
デイヴィッド・ライアン
松本剛史訳

新型コロナウイルスのパンデミックは監視技術の世界的大流行でもあった。加速する監視資本主義とデータ主義は社会をどう変えるのか。世界的権威による緊急発言。

1575
コロナ対策禍の国と自治体
――災害行政の迷走と閉塞
金井利之

なぜコロナウイルス対策で、国対自治体の構図に象徴される非難応酬が起きるのか。民衆にとって行政のコロナ対策自体が災禍となっている苛政の現状を分析する。